SOUVENIRS DE PARIS,

EN 1804,

Par Auguste KOTZEBUE;

Traduits de l'Allemand, sur la deuxième Édition;

AVEC DES NOTES.

TOME PREMIER.

A PARIS,

Chez BARBA, Libraire, Palais du Tribunat, Galerie
derrière le Théâtre-Français, n° 51.

IMPRIMERIE DE CHAIGNIEAU AÎNÉ.
An XIII. (1805.)

PRÉFACE
DE L'AUTEUR.

MES réflexions n'ont d'autre mérite que d'avoir été faites par moi. J'ai écrit ce que j'ai vu, sans imiter personne; j'ai pu me tromper dans mes jugemens; mais j'ai toujours jugé d'après ma conviction intime. Si quelqu'un me reprochait d'avoir prodigué la louange (1), je lui répondrais que la censure en a pourtant agi d'une manière impitoyable envers moi, et que cela n'a pu corrompre

(1) Soyez tranquille; je ne crois pas que personne en soit tenté.

mon jugement. Je n'ai pas écrit un mot qui ne fût entièrement conforme à la vérité : cependant j'ai écrit beaucoup de choses que le lecteur ne trouvera point ici.

Je me bornerai à ceci, et n'en dirai pas davantage, jusqu'à ce que le flux et le reflux du temps aient changé les formes, et qu'on ne courre plus risque d'être écrasé par un météore qui vous laisse tomber des pierres sur la tête. (1)

A. KOTZEBUE.

____

(1) *Fiat lux!*

DEUX MOTS A M. KOTZEBUE,

PAR LE TRADUCTEUR,

EN MANIÈRE DE DÉDICACE.

MONSIEUR,

Qui bene amat, bene castigat, (qui aime bien, châtie bien) dit un ancien proverbe latin, que sans doute vous connaissez tout aussi bien que moi.

C'est d'après cette vérité, reconnue de temps immémorial, que j'ai cru, malgré l'usage constant qui veut qu'un traducteur soit l'admirateur servile de celui dont il transporte l'ouvrage dans sa langue, devoir ajouter des notes à ma traduction, à mesure qu'un passage de votre livre m'en a fourni l'occasion, ou que j'ai trouvé des erreurs à réfuter (1), et vous adresser ensuite mon travail pour que vous en fassiez votre profit, si la chose est possible.

Je vous fais donc hommage des *Souvenirs de Paris* traduits en français; certe c'est un cadeau bien mince, mais j'aurai rempli mon but, si les notes dont je les ai augmentés vous font faire quelques réflexions sur votre conduite envers nous, et si sur-tout elles détruisent, ou atténuent du moins, la mauvaise impression que vos critiques inconsidérées et indécentes ont pu produire sur quelques esprits faibles, sur ces hommes qui croient aveuglément et sans restriction tout ce qu'on leur dit, parcequ'ils sont hors d'état d'avoir une opinion à eux.

Vous avez cru paraître original et piquant en déchirant une nation

____

(1) Cependant si j'avais voulu les réfuter toutes, j'aurais fait un ouvrage trois fois plus volumineux que le vôtre.

à laquelle vous n'avez que des graces à rendre , en calomniant sans pudeur un sexe aimable qui n'a d'autres armes que sa faiblesse à vous opposer ; et moi, monsieur, en qualité de Français, et, comme tel, de chevalier des dames , j'ai cru de mon honneur et de mon devoir de défendre ma nation et le beau sexe contre vos assertions mensongères et vos inculpations calomnieuses.

Je sais qu'en pareil cas l'arme de la plaisanterie, qui lui est si familière, est la seule que devrait employer un Français ; mais, je l'avoue, il ne m'a pas toujours été possible de me contenir ; et si j'ai mis quelquefois trop d'énergie dans mes réponses, c'est que j'y ai été porté par un élan irrésistible, par le sentiment d'indignation que m'a inspiré votre ingratitude profonde et réfléchie.

C'est parce que j'ai reconnu

quelque mérite dans vos ouvrages,
parceque j'y ai trouvé, à travers
les inconvenances, les invrai-
semblances, les irrégularités, les
niaiseries, le verbiage et le fatras
dont ils sont remplis, quelques
belles scènes éparses, souvent
des traits heureux dans le dia-
logue, et parfois des caractères
assez bien tracés; enfin parce que
vous êtes en état de faire beau-
coup mieux, et que l'on avait
droit d'attendre tout autre chose
de votre esprit; que vos *Souvenirs*
doivent être jugés plus sévère-
ment, à moins que vous ne les
ayez écrits d'après votre cœur, ce
qui serait bien pis encore, et bien
plus fâcheux pour vous; car alors
cela serait impardonnable.

Après avoir jugé l'intention
qui se manifeste à chaque page
de votre livre, et qu'il n'est pas
permis de croire innocente, mal-
gré toute la complaisance pos-

sible, je dois aussi vous dire un mot sur l'exécution.

Pour votre honneur, on doit supposer que vous n'avez pas relu les trois quarts des chapitres qui composent cet ouvrage; d'abord, parce qu'on y rencontre à tout moment des contradictions et des inconséquences, ensuite parce que le style est infiniment plus négligé que je ne l'ai vu dans aucune de vos productions; il est presque toujours lâche et décousu; la répétition des mêmes mots y revient d'une manière fatigante, et jusqu'à satiété; on y trouve beaucoup de phrases obscures et entortillées; vous y avez prodigué les comparaisons, et le choix en est rarement heureux; enfin, vous vous êtes abandonné à des détails si puérils, et d'un intérêt si mince, que j'ai dû en supprimer une partie, ainsi que beaucoup des comparaisons et des répétitions dont je viens de parler; mais malgré ma bonne volonté et le desir que j'avais de vous corriger, pour vous mettre en état de paraître décemment aux yeux de ma nation, je n'en ai pas eu le temps, car j'aurais eu trop à faire; ainsi vous devez être assuré que vos *Souvenirs* seront placés, par les hommes de lettres et les gens de goût, au-dessous de tout ce que vous avez fait, tant pour le style que pour la composition.

. On dit, monsieur, que vous vous proposez de visiter successivement toutes les nations de l'Europe; en ce cas, je vous conseille, en ami, de changer d'esprit; car si celui qui a dicté vos observations sur la France vous accompagne dans vos autres voyages, je crains que vous ne soyez arrêté dans votre course rapide, et que vous ne trouviez

en route quelque bon citadin, un
peu brusque peut-être, qui, ins-
truit par l'expérience et par vos
Souvenirs, ne vous force à re-
brousser chemin, et à borner
désormais vos voyages à ceux
que vous faites faire, si lestement
aux personnages de vos drames.

Prenez-y garde, monsieur Kot-
zebue; vous paraissez très-ample-
ment pourvu de ces petites pas-
sions qui constituent essentielle-
ment la faiblesse humaine; les pé-
chés capitaux paraissent sur-tout
être chez vous en majorité abso-
lue, et ce sont des compagnons de
voyage souvent fort désagréa-
bles quand on visite des nations
étrangères, qui, toutes ne se pi-
quent pas d'une aussi grande dou-
ceur, d'une politesse aussi recher-
chée, que les Français, et sur-tout
les Parisiens.

Permettez qu'à cette occasion,
et pour l'instruction des peuples

que vous daignerez honorer, à l'avenir, de votre présence, je trace ici l'abrégé de votre conduite envers la France.

En 1790, après la mort de votre première femme, vous vîntes passer quelque temps à Paris pour y calmer vos premières douleurs; à cette époque, on ne connaissait pas encore vos chefs-d'œuvre, et l'on ne fit pas attention à vous. Cependant, pour avoir paru sur un théâtre de société à Rével, pour avoir joué quelques rôles accessoires dans vos drames, et avoir fait verser quelques larmes aux Esthoniennes, vous vous croyiez déja un grand homme, et votre orgueil fut piqué de notre indifférence.

De retour en Allemagne, vous publiâtes un ouvrage intitulé : *Ma Fuite à Paris*, dans lequel vous critiquâtes, sans ménagement et sans pudeur, nos mœurs, nos institu-

ions, nos usages, nos habitudes,
nos goûts, etc.; et dans lequel (tant
l'orgueil est aveugle et injuste)
vous allâtes jusqu'à dire du mal de
la cuisine française, que vous trou-
vez si supérieure aujourd'hui.

On vous pardonna cette bou-
tade, et pour s'en venger avec la
générosité qui distingue ma na-
tion, on traduisit quelques-unes
de vos pièces, jusqu'alors igno-
rées; des auteurs français daignè-
rent y mettre la main, et les appro-
prier à notre scène; et, graces à
eux, vous eutes bientôt en France
une réputation infiniment supé-
rieure et préférable, sous tous les
rapports, à celle dont vous jouis-
siez dans votre pays. Ainsi c'est à
ceux que vous avez impitoyable-
ment déchirés que vous êtes rede-
vable de l'espèce de célébrité atta-
chée à votre nom; car il est incon-
testable que la langue française est
la plus universellement répandue

dans l'Europe littéraire et savante.

Enhardi par notre conduite noble et délicate, et convaincu que vous n'aviez rien à redouter de notre ressentiment, vous ôsâtes revenir à Paris en 1803. A peine avez vous instruit le public de votre arrivée, par la voie des journaux, que l'on s'empresse autour de vous; le chef de l'état vous accueille avec bonté; nos premiers magistrats vous admettent à leur table; les savans, les hommes de lettres, les artistes, se disputent le plaisir de vous recevoir et de vous fêter; par-tout on vous fait l'accueil le plus obligeant, le plus aimable, le plus distingué; en un mot, on épuise envers vous tout ce que la politesse et l'urbanité françaises peuvent imaginer de soins, d'attention, de prévenances et d'égards; et vous recevez tout cela avec la dignité que vous inspire le sentiment de votre mérite supérieur.

Il était naturel de penser que,
pendant enfin un hommage sin-
cère à la vérité, vous saisiriez avi-
dement l'occasion de réparer vos
torts, et que les Français, et sur-
tout les Françaises, n'auraient qu'à
se louer du compte que vous ren-
driez de votre dernier séjour dans
notre capitale. Mais c'était vous
connaître bien mal que de vous
croire capable d'en agir avec re-
connaissance; vous avez préféré
vous montrer ingrat, injuste et in-
fidèle; vous avez poussé la préven-
tion et l'animosité jusqu'à dénigrer
(et cela parce que nous les possé-
dons) des chefs-d'œuvre dont la
célébrité est incontestée depuis
des siècles; enfin vous nous avez
rendu au centuple le mal pour le
bien que nous vous avons fait, si
toutefois il est possible que votre
opinion et votre livre aient quel-
que poids sur l'esprit des hommes
raisonnables et impartiaux.

Je doute qu'avec un pareil ca-
ractère vous vous fassiez beau-
coup d'amis, et je crois que cette
petite circonstance, quand elle
sera connue, diminuera quelque
chose de l'accueil que l'on pour-
rait être disposé à vous faire dans
les pays que vous parcourrez dé-
sormais.

Heureusement, tous les étran-
gers ne pensent, et sur-tout n'a-
gissent pas comme vous; j'aime
à croire même qu'ils blâment votre
conduite, et désapprouvent vos
écrits; car, ainsi que l'a dit der-
nièrement un de nos critiques:
« Si c'était un parti pris, parmi les
« voyageurs allemands ou autres,
« de répéter à l'Europe, pour
« nous ridiculiser à ses yeux, ce
« qu'on leur dit à Paris, dans des
« momens d'abandon, et ce qu'ils
« ne peuvent y observer qu'à la
« faveur de la confiance qu'on
« leur témoigne, ils s'exposeraient

« à une alternative fâcheuse : ou
« l'on serait avec eux dans une
« réserve continuelle, ou, ce qui
« serait pis encore, on leur ten-
« drait des pièges, et on emploie-
« rait contre eux certaines armes
« dont les étrangers les plus rusés
« auraient de la peine à se garantir;
« c'est ce qu'on appelle la *mystifi-*
« *cation.* »

Ce n'est pas ainsi qu'en use un
célèbre romancier votre compa-
triote, Auguste Lafontaine, dont
madame Isabelle de Montolieu
a transporté les plus intéressantes
productions dans notre langue.
Cet auteur, aussi modeste que
distingué, a, par une lettre des
plus gracieuses, témoigné à son
aimable traducteur toute la re-
connaissance dont il est pénétré;
il le remercie, dans les termes les
plus flatteurs et les plus obligeans,
d'avoir jugé ses ouvrages dignes
d'être traduits en français, et sur-

tout de les avoir embellis par son style à-la-fois simple et facile, naturel et élégant.

Mais à quoi bon ces exemples? On pourrait en citer mille de reconnaissance, et pas un peut-être d'ingratitude aussi profonde, de mauvaise foi aussi réfléchie, que celui que nous offrent les *Souvenirs* de M. Kotzebue. Puisse-t-il ne les oublier jamais... pour n'en avoir plus de semblables!

SOUVENIRS

DE

PARIS.

CHAPITRE PREMIER.

Remarques faites en courant, et qui serviront d'introduction.

On a souvent comparé la vie à un voyage; cette comparaison n'est pas plus juste que les autres. En effet, quelle différence entre la vie et un voyage! Quels avantages sont en faveur du dernier! Le voyageur a son but en partant; il fixe l'époque de son départ; il sait d'avance quelle route il doit suivre, et le temps qu'il mettra à la parcourir. On ne demande pas à l'homme s'il veut naître, et pourquoi il le veut. Si ces questions polivaient lui être adressées avant son entrée dans le monde, il répondrait presque toujours négativement à la première; quant à la seconde, qui pourrait le mettre à même d'asseoir une opinion, et de prononcer avec connaissance de cause?

— Le voyageur a cet avantage sur l'homme, qu'avant de se mettre en route il commence par recevoir les adieux de tous ceux qui lui sont chers, et qu'à son retour le plaisir de les revoir lui fait oublier ses fatigues, et le dédommage amplement de tout ce qu'il a souffert; au contraire, à chaque pas qu'il fait, l'homme approche du moment où il recevra les derniers complimens de ses amis; mais ce n'est plus qu'en espérance et dans un avenir éloigné et incertain qu'il peut se flatter de les revoir. Ainsi l'on retrouve à la fin du voyage ce que l'on perd à la fin de la vie!

— Le voyageur égaré, ou forcé par l'orage de chercher un abri, le trouve sous un arbre touffu, dans une auberge, ou sous un toit hospitalier; il n'en est pas de même du pélerin qui fait le voyage de la vie : il lui faut s'exposer à toutes les tempêtes, et bien souvent il y succombe. Dans l'entretien aimable d'un compagnon joyeux, le voyageur cherche et trouve un délassement agréable ; mais jusque dans les bras de celle qu'il s'est associé, l'homme ne peut se livrer avec sécurité au plaisir; car dans le moment même où l'épouse la plus aimante, la fille la plus chère, l'ami le plus tendre, le pressent contre leur sein, on le voit subitement s'éteindre, et tomber comme un épi sous la faucille du moissonneur.

L'homme en proie à l'ennui, aux noirs chagrins, éprouve du moins quelque soulagement à voyager. Pour éloigner de son cœur les souvenirs déchirans qui le tourmentent, il doit chercher d'autres montagnes, d'autres vallées, que celles qu'il a parcourues jusqu'alors ; mais sur-tout des visages nouveaux qui ne le connaissent pas, et ne puissent pas deviner ce qui se passe dans son ame. Celui dont l'habitation vient d'être brûlée

serait regardé comme un fou s'il res-
tait après ce malheur devant les ruines
fumantes de sa maison en cendres, pour
les contempler et se repaître d'un spec-
tacle qui ne pourrait qu'augmenter sa
douleur, sans y apporter aucun remède.
Béni soit mon sort! je pars et m'éloigne,
pour un temps, de ce que j'ai perdu.

Potsdam.

Quel tumulte! quel mouvement dans
l'habitation jadis si tranquille du meil-
leur des rois! Les rues sont remplies d'u-
niformes de toutes couleurs; des étran-
gers accourent en grand nombre et de
tous les pays pour voir ce magnifique
spectacle; le tambour bat, l'airain gronde,
et les petites sonnettes du *croissant* (1)
viennent se mêler à ce bruit formidable.
Les portes ne sont pas assez grandes
pour contenir la foule innombrable des

(1) Instrument que l'on a rapporté d'Egypte, et qui
est maintenant employé dans la musique de tous les corps
militaires, sous la dénomination de *croissant* ou *pavillon
chinois.*

curieux. Là un éperon accroche la robe d'une femme élégamment parée, et la déchire; ici c'est un cheval qui repose sa tête sur les épaules éblouissantes d'une belle à demi-nue; l'un reçoit un coup de pied, l'autre est effleuré par une roue; on s'agite, on se presse, on avance, on recule, jusqu'à ce qu'enfin cette nuée s'éclaircisse au sortir des portes, et se répande comme un torrent qui rompt sa digue, s'échappe, et couvre en un instant toute la campagne.

Des milliers de spectateurs attentifs dévorent des yeux les colonnes qui s'avancent et se déploient; chacun voudrait rapprocher la distance qui le sépare encore de la ligne immense le long de laquelle il voit flotter des étendards, et courir, comme sur les ailes du vent, une foule de cavaliers.

Un murmure joyeux annonce l'arrivée du roi; d'un seul mot il met en mouvement ce colosse formidable; une seule ame semble animer tous les soldats qui le composent. Mais, ma chère amie,

ce spectacle des manœuvres d'automne
était trop bruyant, trop animé pour mon
cœur. Malgré la joie universelle, il jeta
sur moi une teinte de tristesse, et ce ne
fut qu'au milieu des sables profonds qui
entourent Potsdam, et qui sont envi-
ronnés de sombres forêts, que je pus
soupirer librement.

Entre Wittemberg et Duben.

A-t-il jamais passé un voyageur par
ces contrées, sans qu'il ait amplement
pesté et juré après les grandes routes de
la Saxe? Est-il un individu, en Alle-
magne ou ailleurs, aux oreilles de qui
ces plaintes innombrables ne soient pas
parvenues? Si nous étions en Chine, où
l'on ne souffre les étrangers qu'avec
peine, on ne serait pas surpris de trou-
ver des communications aussi difficiles;
mais qu'à Leipsick, où se tiennent trois
foires par année, des commerçans ne
puissent conduire leurs marchandises
qu'à travers des chemins impraticables,

lorsque les impôts de toute espèce sur-
chargent le peuple et remplissent les
caisses publiques ; c'est une chose fort
étonnante, que mon postillon de Wittem-
berg m'a expliquée d'une manière bien
plaisante. — Oui, me dit-il, en mettant
un morceau d'amadou allumé sur sa
pipe, et en couvrant ses plaintes amères
d'un épais nuage de fumée ; si ces che-
mins sont mauvais, c'est que l'électeur
est catholique. Le prince de Dessaw, qui
est luthérien, les aurait fait réparer de-
puis long-temps, etc. — Ce n'est pas là
que j'aurais cherché la raison pour la-
quelle les routes sont aussi mauvaises
en Saxe. J'en ris d'abord ; mais je sou-
pirai ensuite, de trouver un luthérien
aussi intolérant.

Encore un souvenir de la forêt qui
est entre Wittemberg et Duben : on y
lit, sur un poteau, une inscription qui
défend aux émigrans wittembergeois
de faire aucun dommage dans les forêts
du pays. Pourquoi fait-on cette défense
à ces pauvres gens ? Je ne m'arrête point

à cela ; mais ce qui mérite quelque attention de la part du souverain, c'est que l'on soit obligé de faire des ordonnances particulières pour les personnes qui abandonnent le pays qu'il gouverne.

Entre Erfurt et Gotha.

Quelle différence ! quel plaisir on éprouve à parcourir ces routes parfaitement entretenues ! Ici toutes les malédictions que le voyageur a répandues en traversant la Saxe se changent en bénédictions sur le duc de Gotha : à la vérité, les droits de passe sont chers, mais on les paie volontiers. La seule incommodité que j'y trouve, c'est qu'il faut payer trop souvent, et qu'il est fort déplaisant d'être arrêté à chaque instant sur la route. Une coutume louable, qui n'existait jadis que dans le sud de l'Allemagne, a été récemment introduite dans les états du duc de Gotha : la route est bordée des deux côtés par des arbres fruitiers ; désormais le piéton fatigué

ou altéré trouvera sous leur ombrage
de quoi se reposer et se rafraîchir ; certes,
c'est là un monument plus utile et plus
honorable pour un prince, qu'un jardin
chinois ou une maison de plaisance.
A cette occasion, il faut que je fasse part
au lecteur d'une idée qui m'est venue
très-souvent ; sans doute la culture des
arbres à fruit mérite la plus grande
attention de la part des gouvernemens,
en ce qu'elle contribue d'une manière
utile à la nourriture et à l'aisance du
paysan, et qu'elle peut souvent le garan-
tir de la disette. Mais l'entretien des
arbres fruitiers isolés et placés sur les
routes ne s'accommode point assez avec
l'intérêt des préposés, pour espèrer qu'ils
y apportent un grand soin ; de là vient
que l'on voit périr des milliers de jeunes
arbres, par suite des dégâts que l'on y
fait. Pourquoi n'obligerait-on pas le
paysan à planter un arbre fruitier sur la
route chaque fois qu'il lui naîtrait un
enfant ? cet arbre serait sa propriété, au
moyen d'un numéro ; mais il serait

tenu de le cultiver, et de le remplacer quand il viendrait à mourir. Combien peu cela coûterait d'argent et de peines, en comparaison de l'avantage incalculable qui en résulterait pour le pays où cet usage serait établi! chaque province deviendrait bientôt un vaste jardin qui servirait de calendrier aux habitans ; car chaque arbre aurait son ami, son protecteur, qui prendrait soin de l'élever. Outre son utilité, cette idée présente aussi quelque chose de riant et d'agréable , que n'offrent pas toujours celles qui émanent des gouvernemens.

Gotha.

L'institution du brave Salzmann, à Schnepfenthal, est plus florissante que jamais, et les fleurs qu'il cultive donnent du fruit par tout le pays. Je n'oserais pas dire autant de bien des pensions de jeunes demoiselles dont Gotha fourmille. Leurs institutrices sont moitié

allemandes , moitié françaises. On y
élève de la même manière les demoi-
selles nobles et celles qui ne le sont pas :
ce que je regarde comme un grand tort,
et un vice capital de ces sortes d'établis-
semens. Naturellement le cœur des jeu-
nes personnes est prompt et facile à
s'attacher : la petite comtesse ne s'in-
forme pas si le père de l'amie qu'elle
préfère n'est qu'un simple secrétaire ;
mais quand elle devient grande, elle ne
pense plus de même, ou du moins elle
se voit dans le cas de former d'autres
liaisons, qui la forcent à s'éloigner des
compagnes de sa jeunesse : ce qui fait
nécessairement du mal à celles-ci, et
les rend malheureuses. D'un autre côté,
celle qui est destinée à conduire le petit
ménage d'un greffier ou d'un syndic,
et qui sort du cercle brillant où elle
passait sa vie dans les bras d'une com-
tesse ou d'une baronne, se trouve humi-
liée quand son mari s'incline respectueu-
sement devant le carrosse de celle qui,
naguère, fut sa meilleure amie, et qu'elle

regarda long-temps comme son égale (1).

Il faut plus de force qu'on n'en suppose ordinairement aux femmes, pour supporter sans plaintes et sans murmures un aussi grand changement. Aussi, quand elles ne se marient pas en sortant de leur pension, la maison de leurs parens ne leur paraît plus ce qu'elle était autrefois, elle leur devient même insupportable. Bref, ces pensions mêlées me paraissent très-propres à développer ce vice qui se trouve plus généralement chez les femmes que chez les hommes : je veux dire l'*envie* (2).

____

(1) Ces réflexions sont parfaitement justes, et l'on ne pourrait donner que des éloges à l'ouvrage de M. Kotzebue, si toutes celles qu'il a faites étaient dirigées vers un but aussi moral et aussi utile. Tout ce qu'il dit sur l'inconvénient des pensions et de l'éducation qu'on y donne indistinctement à toutes les élèves serait susceptible de très-grands développemens. Dans combien de ménages ces idées de fortune et de grandeur, imprudemment jetées dans la tête des jeunes personnes, ne les ont-elles pas insensiblement entraînées dans des écarts funestes!

(2) *L'envie* n'est pas le mot, mais bien *la vanité*, si naturelle dans un sexe à qui nous inspirons, presque en naissant, le désir de plaire.

Francfort sur le Mein.

On ne s'attend pas, sans doute, que je ferai ici la description exacte et pompeuse de cet antique bâtiment qu'habite ordinairement chaque empereur qui vient se faire couronner, ou celle de la *Bulle d'or*, ou de la *Pantouffle de Charlemagne*. Dans ce bâtiment, qu'on nomme *Roemer*, on voit dans de petites niches le portrait de tous les empereurs qui se sont fait couronner à Francfort, depuis la fondation du saint empire romain ; mais quelque étroites que soient ces niches (dans lesquelles chaque empereur n'a réellement pas plus de place qu'un soldat dans sa guérite), il n'en reste plus, et je ne sais pas comment pourrait y figurer un nouvel empereur : c'est sans doute cette circonstance qui a fait dire au fanfaron Custine, que l'empereur actuel serait le dernier. Depuis cette époque, les Français ont rétabli la Divinité dans ses droits, peut-être changeront-ils d'avis sur les empereurs d'Allemagne.

Le dôme de l'église renferme quelques beaux tableaux, mais aucuns de supérieurs ; car s'il y en avait eu, les Français, si grands admirateurs des arts (1), les auraient emportés.

Je ne parlerai pas du théâtre de Francfort (2) ; la nomination de M. de Meyer, auteur estimé d'un poëme connu, *Tobie*, à la place d'administrateur de ce théâtre, avait fait concevoir les plus grandes espérances sur son amélioration ; mais il ne peut, sans le consentement du comité, engager de nouveaux acteurs, ni en renvoyer de mauvais, ce qui est un vice essentiel dans la nouvelle organisation.

---

(1) On verra plus loin, par la manière dont M. Kotzebue juge la nation française, que ce qu'il dit ici est dérisoire. Cependant il aurait dû se convaincre, à chaque pas qu'il a fait dans la capitale, que le Français est en effet l'amateur le plus éclairé des arts, et l'admirateur le plus ardent de tout ce qui est beau.

(2) Sans doute parce qu'on n'y joue pas les ouvrages de M. Kotzebue, et que dès-lors cela ne mérite pas, de sa part, la moindre attention.

Le grand nombre de négocians que le commerce attire à Francfort y trouve un point de réunion plus commode et plus agréable qu'à Leipsick, où les étrangers n'ont pour se réunir qu'une espèce de halle qu'on appelle *la Maison Auerbach*, où ils sont exposés à l'injure du temps. Ici, du moins, ils trouvent une maison spacieuse, dans laquelle ils peuvent étaler les marchandises de luxe pendant toute la journée; ce qui présente un coup-d'œil à-la-fois bizarre et agréable, par la variété des objets que l'on y voit, et la quantité d'individus de toutes les nations qui s'y rassemblent à toutes les heures du jour.

Darmstadt.

Le monument que le grand Frédéric a fait ériger ici, à la mémoire de son amie, ne répond pas à l'idée qu'on a pu s'en faire avant de l'avoir vu. Il est d'une élégante simplicité; mais j'attendais d'un roi quelque chose de plus majestueux, de plus imposant. Sans l'inscription remarquable et connue qui le distingue, on n'aurait peut-être jamais parlé de ce monument ; cette inscription même pourrait, aux yeux de bien des gens, ne pas paraître très-flatteuse pour l'épouse d'un landgrave. *Fœmina sexu, ingenio vir ;* ce qui veut dire littéralement, *femme par le sexe, homme par l'esprit ;* ou, en d'autres termes, *un milieu entre l'homme et la femme,* ou *ni homme ni femme.* On sait depuis long-temps que ce mélange des deux sexes n'offre rien d'aimable ; qu'une femme, avec le caractère et la rudesse d'un homme, déplaît aussi généralement qu'un homme qui s'annonce avec les inclinations et la faiblesse d'une femme : cette manière de faire l'éloge du beau sexe est aussi inconvenante, aussi ridicule, que si l'on disait, pour vanter une fleur, qu'elle a *l'odeur du chêne* (1).

____

(1) Voilà une comparaison *robuste*, s'il en fut jamais ; mais elle n'est ni aimable, ni juste.

Du chemin de la Montagne (1).

C'est la première fois que je traverse
ce pays, appelé *le jardin de l'Alle-
magne ;* c'est là qu'on voit sur le som-
met des montagnes ces châteaux à demi
ruinés, restes imposans de la magni-
ficence de plusieurs siècles, et qui doi-
vent survivre encore au siècle qui s'é-
coule. Ainsi voilà comme tout change
dans le monde! Ces repaires de brigands,
dont l'aspect seul suffisait pour inspirer
la terreur aux passans, l'amusent aujour-
d'hui. La vue de ces ruines pittoresques
l'occupe agréablement, et fait un mo-
ment diversion aux autres sensations
qu'il éprouve, ou à la monotonie du
voyage.

O! disais-je en moi-même, puissent le
bonheur et le repos sourire à nos neveux,
quand un demi-siècle se sera écoulé,

____

(1) On nomme ainsi la route qui conduit de Darmstadt
à Heidelberg ; elle est remarquable par les sites pitto-
resques qu'elle offre au voyageur.

comme l'aspect de la belle nature sourit aujourd'hui au voyageur qui parcourt *le chemin de la montagne !* Puissent-ils alors n'apercevoir qu'à travers un épais brouillard les horreurs des révolutions, et jouir doublement de leur bonheur par le souvenir de nos maux passés ! Vous le voyez, mon aimable amie, je pensais là où je n'aurais dû que sentir, ce qui vous prouvera, jusqu'à l'évidence, que je ne jouis encore qu'imparfaitement des plaisirs qu'éprouve, en parcourant un beau pays, le voyageur dont l'ame est calme et susceptible de se livrer aux impressions agréables que lui offrent ses sens. Hélas ! que sont des plaisirs que personne ne partage ? Je crois que les jouissances, même les plus grossières, celles qui nous sont communes avec les animaux, même le boire et le manger, perdent la plus grande partie de leurs charmes si l'amour social ne les assaisonne pas. L'homme bon et cultivé ne saurait jouir seul. Ce qui m'a fait éprouver le plus de plaisir dans ma vie me

renait toujours d'autres êtres, et se rap-
portait constamment à eux. Rendre heu-
reux tout ce qui nous entoure, et voir
briller la joie dans les yeux de ceux que
nous aimons, est un plaisir digne des
dieux ; car le Créateur lui-même n'en
connaît pas d'autres (1). Pour moi, qui
n'ai plus que des souvenirs de bonheur,
et qui suis forcé d'appeler à chaque ins-
tant la raison à mon aide, j'abandonne
ces beaux lieux comme un sourd quitte
un concert (2).

Heidelberg.

Qu'un infortuné me demande en quel

---

(1) L'hypocrite !

(1) Qui ne croirait, après avoir lu ces phrases toutes
sentimentales, que M. Kotzebue est en effet l'homme le
plus douloureusement affecté, l'époux le plus tendre, et
que jamais il ne se consolera de la perte récente de sa
bien aimée Chrystel ? Détrompez-vous, lecteurs ; il
vient de se marier pour la troisième fois ; et pour peu
que sa nouvelle compagne veuille bien avoir la complai-
sance de se laisser mourir au bout de quelques années,
il y a tout lieu de croire que cet époux fidèle ne s'arrêtera
pas en si beau chemin ; le tout parce que, dit-il ingénu-
ment, *l'homme bon et cultivé ne saurait jouir seul.*

lieu du monde il doit passer sa vie pour dérober de temps en temps une heure à ses chagrins, et qu'un homme entièrement heureux me consulte sur le séjour qu'il doit choisir pour couronner gaiement chaque jour de sa vie, je nommerai à tous deux Heidelberg. Un site romantique, un climat tempéré, de bonnes gens, point de contrainte, des habitations commodes, une nourriture abondante et à peu de frais (1), quels avantages ! et cependant ce n'est pas tout : Heidelberg est placée dans le voisinage de plusieurs grandes villes et de plusieurs petites fort agréables. Le malheureux n'aime pas à vivre seul avec ses chagrins, c'est cependant ce qu'il commence par desirer. Il se promène sur les bords rians du Necker, ou il parcourt, sur les montagnes voisines, les ruines majestueuses de quelque forteresse antique ; où il fait quelques petites excursions jus-

---

(1) *Une nourriture abondante et à peu de frais.* Le bon pays ! C'est vraiment le paradis terrestre pour M. Kotzebue.

qu'à Weinheim, Heppeinheim, etc.
Quand son chagrin, devenu plus calme,
lui permet de ne plus redouter le com-
merce des hommes, il peut en moins
d'un jour, aller au spectacle à Mânheim,
Stuttgard, Francfort-sur-le-Mein. Bref,
il peut en un moment, soit à droite,
soit à gauche, trouver de la dissipation
à Darmstadt, Heilbronn, Offenbach,
Oppeinheim, etc. On trouve à Heidel-
berg même bien des petites choses dignes
d'être remarquées : les ruines du château
sont très-curieuses ; les vieux souterrains
méritent d'être vus. On dit qu'ils con-
duisent à la ville ; mais on les comble en
ce moment, dans la crainte de quelque ac-
cident. On raconte qu'un émigré qui les
visitait il y a quelques années, et qui
s'était écarté de son conducteur, s'égara
dans les sinueux détours de ce laby-
rinthe. Heureusement il avait été suivi
par quelques petits mendians, qui indi-
quèrent l'endroit où il avait disparu, et
on parvint à le retrouver. Il raconta qu'il
avait marché long-temps dans les sou-

terrains, parce qu'il avait entendu beaucoup de bruit, et qu'il lui avait semblé être au-dessous de la ville; mais enfin, ayant entendu les cris de ceux qui le cherchaient, il était revenu sur ses pas. Quelque temps auparavant, un danseur de corde qui enfonçait un pieu sur le marché pour y attacher sa corde, fit ébouler la terre sous ses pieds, et tomba dans une partie de ce souterrain, où l'on trouva de vieilles armures couvertes de rouille. Le fameux foudre (1) d'Heidelberg est une curiosité misérable qui

---

(1) On appelle ainsi un très-gros tonneau dont on se sert en Allemagne et dans quelques vignobles de France. Celui d'Heidelberg, qui contenait plus de deux cents muids de vin, était célèbre dans toute l'Allemagne; il appartenait à des moines, qui y conservaient, disaient-ils, depuis cent ans, du vin du Rhin de la meilleure qualité. Les bons pères n'avaient pas tout-à-fait menti, car ils remplaçaient chaque année par du vin nouveau celui qui avait été bu par les voyageurs dans le cours de cette même année, d'où il résultait qu'effectivement il se trouvait toujours à peu près un centième de la liqueur contenue dans le foudre qui datait d'une époque très-reculée. On assure que la caisse du couvent trouvait son compte à cette innocente spéculation.

ne peut intéresser, même par son anti-
quité. Il est tombé en ruine ; et l'électeur
actuel, Charles-Théodore, n'a pas cru
devoir s'immortaliser en en faisant cons-
truire un nouveau.

Si jamais vous venez à Heidelberg,
ma chère amie, vous demanderez peut-
être après le *Puits du Loup*, l'une des
curiosités les plus intéressantes de cette
ville. Jadis il était entouré de vieux til-
leuls qui avaient vu s'écouler trois siècles
depuis qu'ils lui prêtaient leur ombrage ;
leurs branches étaient tellement serrées
et entrelacées, qu'on s'en servait comme
d'un plancher, et que l'on avait établi
au-dessus une espèce de tonnelle, dans
laquelle se trouvaient des chaises, des
tables, et sous laquelle on venait se
livrer au plaisir de la danse. De grandes
dames, des princes, des rois même, à
ce que racontent les voisins, y ont plus
d'une fois donné des concerts et fait des
soupers délicieux au clair de la lune:
maintenant il n'existe plus rien de tout
cela. Vous ne verrez plus qu'un bassin

carré, entouré de troncs d'arbres ; ces
tilleuls antiques et respectables ont été
abattus. Qui a ordonné cela? m'écriai-je
avec humeur. La chambre électorale,
me répondit-on. Ces vieux arbres don-
nent du bois excellent à brûler ; et les
truites ne pouvaient vivre dans le bassin,
parce que l'ombre des tilleuls rendait
l'eau trop froide. Eh bien! dis-je en
colère, je voudrais que chaque conseiller
de la chambre qui a ordonné qu'on
fît ce vol à la belle nature fût con-
traint de se promener deux fois par an,
pendant deux ou trois heures, à l'ardeur
d'un soleil brûlant, et cherchant en
vain un ombrage salutaire et agréable dont
il a privé si cruellement les habitans et
les voyageurs. Oh! puisse se dessécher
à l'instant la main de tout homme qui
veut détruire ce qui sert depuis des siècles
à la prospérité d'un pays, à l'ornement
d'une ville, et aux plaisirs de ses habi-
tans!

La guerre a laissé, dans ce pays,
beaucoup de misère, et a éclairé les ha-

bitans de la campagne plus qu'ils ne
doivent l'être.

————————

Nota. Il y a ici, sous l'indication de
Mauren (petit village du Palatinat), un
chapitre fort long, entièrement consacré
au récit fastidieux des aventures très-
ordinaires d'une pauvre femme aveugle
que M. Kotzebue a rencontrée chez le
maître de poste. Comme cela ne m'a
pas paru avoir le moindre attrait pour
les lecteurs, j'ai cru leur rendre service
en supprimant ce chapitre insignifiant.
J'en ai fait de même pour beaucoup de
détails oiseux et de comparaisons dépla-
cées ou ridicules ; car c'est là sur-tout
que brille l'auteur allemand.

————————

Neckers-Gemund.

En lisant une inscription placée au-
dessus de la porte de cette petite ville,
j'eus encore occasion de renouveler un
souhait que j'avais fait souvent ; c'est
que je voudrais que tout individu qui

Tome I. 2

fait mettre une inscription sur sa porte ou ailleurs fût tenu de savoir sa langue (1).

Sintzheim.

Cette ville appartient maintenant au comte de Linange, qui doit être un bon prince; car j'ai entendu faire par-tout son éloge. A son nom seul les visages se dérident et s'épanouissent. Ah ! que n'en puis-je dire autant de tous les Etats que j'ai traversés ! Dans l'un domine la crainte avec un sceptre de fer; dans

(1) J'ai souvent fait la même réflexion, en voyant à chaque pas, dans les rues de Paris, des enseignes ou inscriptions dans lesquelles les mots les plus simples et les plus généralement connus sont estropiés d'une manière horrible. Les étrangers doivent être singulièrement choqués de voir ainsi défigurer la langue dans la capitale de la France, dans le lieu où elle devrait être le plus respectée.

Je voudrais que les peintres, ou plutôt les barbouilleurs, que l'on emploie à ce genre de travail, ne pussent tracer des caractères sur la voie publique sans une permission du préfet de police ou du maire, qui ne l'accorderait qu'après avoir acquis la certitude que l'individu est en état de remplir (*sans faute*) cette partie de la profession qu'il exerce.

l'autre on ne parle qu'avec indifférence
des bonnes qualités de celui qui gou-
verne, parce qu'il se tient toujours éloi-
gné de son peuple, et qu'il met trop de
morgue dans la distribution de ses bien-
faits. Ici, c'est un petit pays dans le-
quel on maudit le despote ; là, un autre
dont le prince s'aliène tous les cœurs,
parce qu'il semble importuné par le seul
aspect des hommes, etc. Après avoir
fait presque par-tout ces pénibles remar-
ques, combien il est satisfaisant d'en-
tendre les sujets du prince de Linange
parler si cordialement de lui, et exalter
si fort ses bontés ! C'est dommage que
les souverains aient perdu l'usage de se
promener quelquefois déguisés, et de
se mêler parmi leurs sujets : que de
leçons amères, mais utiles, les uns et
les autres pourraient recevoir ! combien
notre Frédéric-Guillaume entendrait
s'échapper de bénédictions et de louan-
ges que le respect retient et n'ose laisser
éclater en sa présence !

Heilbronn.

C'est pour moi un bien grand plaisir
de voir une feuille de papier ou de par-
chemin écrite de la main d'un homme
célèbre du temps passé; je me repré-
sente sa figure, je crois voir sa main là,
où elle a tracé des caractères. C'est pour
cela que je me faisais d'avance une fête
d'arriver à Heilbronn. Je savais que l'on
conservait précieusement, dans les ar-
chives, des lettres originales manu-
scrites du fameux Goetz de Berliching,
et de François de Sickingen. J'envoyai
chez l'archiviste le lendemain de mon
arrivée, pour le prier de m'accorder la
faveur que je desirais. A la vérité cette
demande me fut accordée avec infini-
ment de politesse; mais je vous conseille,
si jamais vous allez à Heilbronn, de
bien vous informer si vous parlez au
véritable archiviste. Cette fois il était
absent; et celui qui le remplace ne sait
rien, sinon qu'il doit montrer aux cu-
rieux deux grandes salles remplies d'ar-

moires. Je dois cependant lui savoir gré de sa bonne volonté, car il chercha avec toute la complaisance imaginable ce que je désirais voir, mais ce fut inutilement. Tout ce que je puis vous dire sur le cabinet des archives d'Heilbronn, c'est qu'on y voit une grande quantité de papiers et de parchemins.

Puisque je ne puis pas voir les manuscrits, dis-je, je veux au moins visiter la vieille tour dans laquelle Goetz de Berliching a été enfermé; je veux voir l'endroit où cet homme fier et célèbre a souffert les outrages des magistrats d'Heilbronn. Je croyais qu'un enfant pourrait me conduire à cette tour; mais je me trompais. Je m'adressai au moins à une douzaine de personnes, qui toutes parurent très-surprises de mes questions : aucune d'elles n'avait entendu parler du brave Goetz. Ainsi donc j'acquis la triste certitude qu'un homme célèbre est totalement oublié au bout de quelques siècles, même dans l'endroit où il a vécu. Ainsi tout le bien qu'un grand homme opère n'est senti que par ceux qui sont loin de lui; tous ceux qui le voient de près le regardent avec indifférence, et bien souvent ne daignent pas même le regarder. Enfin je trouvai une espèce d'archer, qui promit de me faire voir la tour. Il alla chercher un trousseau de clefs rouillées, et me conduisit, par le plus détestable quartier de la ville, jusqu'à une vieille tour carrée. Après avoir monté plusieurs escaliers ruinés, au risque de me rompre le cou, j'arrivai enfin à la plate-forme, de laquelle on découvre une vue magnifique. Mais, lui dis-je, où est la prison de Berlichling? Il proposa de me l'ouvrir, en me disant qu'elle renfermait deux malfaiteurs. — Comment on s'en sert encore! — Sans doute. — On ne la considère donc pas comme l'un des plus intéressans monumens de l'antiquité? — Il n'y a pas de place ailleurs. On l'a même divisée en plusieurs parties, afin d'y mettre davantage de prisonniers. — C'est assez. J'examinai, en passant, la porte de cette prison ; elle se trouve dans la partie la plus élevée du donjon, et on l'avait faite extrêmement basse, afin que Goetz, qui, comme on le sait, n'aimait pas à se baisser, fût cependant obligé de le faire en y entrant. Je m'éloignai avec humeur.

C'est là tout ce que j'ai à vous dire sur cette ancienne ville.

***

Stuttgard.

Je suis allé au théâtre de Stuttgard ; la salle n'a rien d'imposant, et elle est encore rendue plus triste par une mauvaise lampe sale et mesquine qui est suspendue dans le milieu. On jouait l'opéra d'*Achille*. J'ai entendu chanter un excellent *tenor*, nommé Krebs, fort bel homme., et de plus, chose rare, très-bon comédien. Les chœurs me parurent fort bien exécutés. L'orchestre, dirigé par Krantz, est excellent. Le reste ne mérite pas que l'on en parle.

La ville de Stuttgard possède une magnifique collection de Bibles.

Hechingen et Duttlingen.

En voyant, à Hechingen, le vieux château d'Hohenzollern, où les ancêtres de notre bon roi ont reçu la naissance, je ressentis le même plaisir que j'avais éprouvé en traversant à Stuttgard le petit ruisseau qui donne son nom au Danube, à ce fleuve imposant et majestueux, qui roule ses eaux rapides au milieu des campagnes riantes qu'il fertilise. Ainsi c'est à l'air pur que respirèrent en naissant les aïeux de Frédéric-Guillaume, que nous devons de jouir aujourd'hui de toutes leurs vertus réunies en sa personne.

Zurich.

Me voilà en Suisse : mais n'attendez pas que je vous fasse une description pompeuse des superbes merveilles de la nature que j'ai vues ici. Il existe des *Voyages en Suisse*, par douzaines ; dans le nombre il s'en trouve de bons, de médiocres et de mauvais. Non-seulement

on ne peut rien dire de nouveau sur les
beautés naturelles de ce pays, mais on
aurait peut-être mieux fait de n'en pas
parler du tout. Car, soyons francs, y
a-t-il une description d'un beau pays,
fût-ce un chef-d'œuvre, qui vous ait pré-
senté une image fidèle de ce que vous
éprouvez en vous trouvant sur les lieux?
Je pense que non. On peut, à la vérité,
me dépeindre sur la gauche un lac dont
les bords sont parsemés de jolies mai-
sons de plaisance; me montrer à droite
la chaîne du Mont-Jura; dans le fond,
le Mont-Blanc, etc.; on peut se servir
pour cela d'expressions poétiques, mais
on ne produira jamais à mon imagina-
tion qu'un tableau confus, qui ne m'of-
frira que des objets vagues, manquant
d'ordonnance et d'harmonie. Voilà pour-
quoi je suis l'ennemi de toutes ces de-
scriptions. Il faut voir la Suisse pour la
connaître, comme il faut entendre un
concert pour le comprendre. Je compare
celui qui veut me représenter un pays
avec des paroles ou des mots, à l'homme

qui viendrait me fredonner l'Oratorio d'Haydn, pour me donner l'idée d'une superbe composition musicale. Je ne dirai donc rien sur la Suisse, sinon que j'ai été dans des lieux où sans doute Dieu lui-même s'est transporté quand après la création, il a voulu planer sur le monde et admirer le grand-œuvre.

La chute du Rhin n'a pas surpassé mon attente, mais l'a remplie au plus haut degré. C'est un spectacle imposant et magnifique, qu'aucune plume ne peut rendre.

Les environs de Zurich m'ont plu davantage que le reste du pays, parce que les habitans m'ont paru meilleurs que par-tout ailleurs. Je ne connais rien de plus riant, de plus agréable, que la vue que l'on découvre de l'hôtel de l'Epée, où j'étais logé. Les promenades de Zurich sont délicieuses, et faites pour séduire même un goutteux. Le tombeau de Gessner est d'une simplicité si belle, si touchante, qu'on ne peut retenir ses larmes en le voyant. C'est dommage

seulement que les chasseurs français,
qui n'ont pas en ce moment d'autre oc-
casion de s'immortaliser (1), s'amusent
à graver leur nom sur le marbre qui
couvre les cendres de cet homme cé-
lèbre. Le nom du troisième régiment de
chasseurs figure sur ce monument pas-
toral, comme un fusil au milieu d'une
touffe de roses (2).

J'ai vu, en passant, le cabinet de
Lavater. Ce qui m'a paru le plus re-
marquable, ce n'est pas le grand nombre
de figures qu'il a rassemblées, mais bien
les inscriptions qu'il a placées en-des-
sous de chaque visage, signifiant ou
insignifiant. On connaît son style énig-

---

(1) S'il était possible de prendre cela pour un éloge,
sans doute il paraîtrait délicat et fin; mais après avoir lu
l'ouvrage de M. Kotzebue, et s'être bien pénétré de
l'esprit qui l'a dicté, on ne peut s'y méprendre : il est
clair que c'est une grossièreté.

Au reste, son séjour à Paris a dû lui apprendre, et
l'univers lui dira, que les soldats français n'ont pas besoin
de graver leur nom sur le marbre pour s'immortaliser.

(2) Cette comparaison est aussi juste et aussi fine que
son raisonnement.

matique. Souvent il paraît s'être donné
beaucoup de peine pour renfermer un
sens très-étendu dans un petit nombre de
mots obscurs et nouveaux. L'esprit des
Suisses ressemble presque toujours à un
lac agité, du sein duquel un feu souter-
rain a fait sortir des écueils contre les-
quels viennent se briser les vagues im-
puissantes. Les murs des auberges sont
tapissés de sentences et de sarcasmes par-
fois très-amers et très-spirituels.

Les Suisses nourrissent la haine la
plus implacable contre le général Ander-
matt, celui qui a bombardé Zurich.
Il vit tranquille dans sa terre, parce
qu'on le méprise trop pour lui faire du
mal. On ne dit pas non plus beaucoup
de bien des Russes; on fait cependant
l'éloge du général Korsakoff, qui a visité
souvent la bibliothèque, et qui a paru
protéger spécialement les sciences; du
reste, on ne le regarde pas comme un
grand général. Lorsqu'on lui rapporta
que les Français venaient de s'emparer
d'une montagne qui domine Zurich, il

répondit : Tant mieux ! c'est là que je les attendais (1). Bientôt après il fut forcé de se retirer, et ne savait pas même par quelle porte il devait sortir ; les habitans furent obligés de lui montrer le chemin. Il perdit tous ses bagages ; les hussards français firent un butin considérable ; ils avaient, dit-on, tant d'écus dans leurs bonnets qu'ils en donnaient volontiers douze ou quinze pour un louis d'or, parce que cela les soulageait d'autant. Dans le fait, il faut aller à Zurich pour apprendre une foule d'anecdotes piquantes qui ne sont pas connues, et qui jettent cependant un grand jour sur les événemens qui ont eu lieu à cette époque.

Bade, en Suisse.

J'ai trouvé ici affichée une ordonnance du *tribunal des mœurs*, qui ne fait pas l'éloge de l'esprit de notre siècle. Elle prescrit l'observance générale et solemnelle du dimanche ; elle défend ce

---

(1) Il aurait pu ajouter : *pour fuir.*

jour-là toute espèce d'exercice; les jeux, les danses, le tir à l'oiseau, la pêche, la natation, etc. Elle exige que tous les habitans mariés paraissent à l'église en manteau, les garçons en habit, et non pas en veste; que le beau sexe observe dans la manière de se vêtir la décence qui convient à la sainteté du lieu, ainsi qu'à la pudeur. Dans le fait, je voudrais voir nos aïeules se trouvant dans une église, à côté de leurs petites-filles à demi-nues; comme elles retourneraient bien vite dans leurs tombeaux, pour se cacher, et n'être pas témoins des écarts que se permettent journellement nos jeunes femmes. Au reste, on peut dire, à la louange de la Suisse, qu'elle possède un *tribunal de mœurs;* cela annonce du moins l'intention de les conserver dans leur pureté. Je ne crois pas qu'il y ait maintenant en Europe un pays où il existe une institution semblable.

On est dans l'usage d'étançonner les bâtimens qui menacent ruine, pour qu'ils n'écrasent pas les passans; mais

on laisse s'étendre la corruption des
mœurs jusqu'à ce que les hommes soient
entièrement énervés, et desséchés comme
les arbres de nos forêts qui furent dévo-
rés par les chenilles il y a bientôt deux
ans.

***

Berne, Lausanne, Genève.

Que puis-je vous dire de toutes ces
villes dans lesquelles je suis allé, et de
tout ce que j'y ai vu, que cent autres ne
vous aient dit avant moi? Ce ne sont
pas les villes qui font le plus bel orne-
ment de la Suisse : elles sont toutes
vieilles, irrégulières, mal bâties, et
coupées par des rues étroites et sales,
que la trop grande élévation des maisons
prive d'air. En général, les villes sont
aussi mal-saines que les campagnes sont
salubres et agréables. J'en excepte ce-
pendant Morges et Rolle, deux jolies
petites villes situées sur le lac de Ge-
nève. Je me réjouissais de voir le Char-
nier de Marten, fameux par la victoire
de Charles de Bourgogne, en 1476.

Malheureusement on n'en aperçoit plus que des vestiges : les Français ont dispersé les ossemens rassemblés sur le champ de bataille, et les ont jetés dans le lac. Pourquoi ? Ils ne le savent pas eux-mêmes. Ils paraissent, par dessus toutes choses, possédés de la manie de détruire (1). Cependant ils y ont encore laissé des ossemens en assez grand nombre pour que les voyageurs puissent reconnaître cette place pendant un bon nombre d'années.

M. Dulac, vieillard extrêmement aimable, m'a montré, avec toute la complaisance imaginable, son cabinet de pierres précieuses, marbres, laves et co-

______

(1) Avec un peu d'impartialité, M. Kotzebue aurait pu ajouter que depuis cinq ans sur-tout, ils paraissent s'en être entièrement corrigés : voyez nos établissemens en tous genres, nos manufactures, etc. ; voyez s'élever de tous côtés des monumens consacrés à l'utilité publique ou à la prospérité du commerce. C'est à Paris sur-tout que ce misanthrope sauvage aurait pu se convaincre à chaque pas qu'il n'est pas un regard, une pensée du gouvernement qui ne tende évidemment à la gloire de la nation.

quilles. Je voudrais m'y connaître davantage (1) pour mieux apprécier les belles choses qu'il m'a fait voir.

Le théâtre de Genève ne m'a point paru mauvais; on donnait entre autres *M. de Crac dans son petit castel,* cette pièce fut jouée par des comiques passables.

Je m'attendais à voir ici madame de Staël; je me dédommageai de cet espoir trompé en allant à Ferney. J'approchai de ce sanctuaire avec le cœur vivement ému. J'en avais vu le modèle à Pétersbourg, dans la bibliothèque de l'Hermitage, et je m'attendais à le trouver supérieur à ce que j'avais·vu en peinture; mais mon attente a été déçue. Cependant je n'étais pas venu à Ferney pour voir un château; je ne voulais que visiter le lieu où Voltaire avait écrit et vécu; je voulais jouir des sensations qu'un esprit ardent doit éprouver dans

______

(1) Voilà un beau mouvement de modestie! je le remarque, parce qu'ils sont rares dans le cours de l'ouvrage.

un lieu semblable. Cette maison appar-
tient à je ne sais quel négociant ; mais il
a prouvé son respect pour Voltaire en
conservant sa chambre à coucher telle
que ce grand homme l'a laissée.

On y voit encore son lit avec les ri-
deaux de soie jaune , le portrait de
Lekain, celui de Frédéric le grand, de
la czarine Catherine, et beaucoup d'au-
tres. On voit encore dans une niche
l'urne qui renfermait son cœur, avec cette
inscription : *Je suis content, car mon
cœur reste avec vous.* Dans une des
chambres voisines on conserve le billard
sur lequel il avait coutume de jouer. En-
fin j'ai vu dans cette maison un respec-
table ecclésiastique qui eut le bonheur
de vivre avec Voltaire pendant les neuf
dernières années de sa vie. Il m'est im-
possible de rendre ce que j'éprouvai en
voyant cette figure vénérable.

Je terminerai ici mes réflexions sur
la Suisse; sans doute, ma chère amie,
vous ne leur reprocherez pas d'être trop
longues. Si jamais je visite ce pays à

pied, comme je me le propose, je me
fais une fête de sentir beaucoup, mais
je n'écrirai pas. Il faut faire ce voyage
à pied ; en voiture il est ennuyeux, et
coûte fort cher (1). Quand un cocher de
Suisse vous a fait faire quatre ou cinq
lieues par jour, il croit avoir fait un
miracle, et il vous en coûte dix-huit
francs pour ses deux chevaux, et autant
pour le jour suivant, où il retourne à
vide. En outre, il vous force à vous ar-
rêter à midi et le soir, et à vous faire
écorcher dans les auberges où il lui plaît
de demeurer, et dans lesquelles on est
généralement mal servi.

Nota. Ici, M. Kotzebue entre dans
des détails puérils et des plus fasti-
dieux sur le retard qu'on a mis dans
telle ou telle auberge à lui apporter son
café à telle ou telle heure ; il prétend
qu'*un homme comme lui,* qui se lève

---

(1) Encore un trait de caractère : avare, gourmand, et
par dessus tout modeste.

de bonne heure, souffre beaucoup de
voyager en Suisse et en France, où l'on
se lève aussi tard (1).

***

Cerdon.

J'avoue que j'ai été agréablement sur-
pris en venant de Genève ici. Je ne me
doutais pas que j'y verrais des choses
qui surpasseraient tout ce que j'avais vu
en Suisse. L'aspect du Rhône, qui tantôt

---

(1) Voilà qui est très-fâcheux; et j'espère que si
M. Kotzebue devient veuf une troisième fois, et qu'il
nous fasse encore l'honneur de nous visiter (car c'est
toujours la mort de sa femme qui nous procure l'avantage
de le voir), on voudra bien avoir égard à ses plaintes:
j'espère sur-tout que, par reconnaissance pour les éloges
qu'il leur donne, les aubergistes voudront bien mettre
tous leurs soins à satisfaire un *homme comme lui;* qu'un
domestique restera debout près de sa chambre, et veillera
toute la nuit pour prévenir ses moindres desirs, que son
café sera prêt à quatre heures du matin, ou même la
veille, etc. Si l'on s'avisait de manquer à tout cela,
M. Kotzebue pourrait en prendre de l'humeur, et donner
la préférence à un autre pays où les routes fussent moins
dures, les droits de passe moins chers, les auberges meil-
leures, etc. Et quelle perte pour la postérité, si elle se voyait
privée, par notre faute, des réflexions sages, piquantes,
impartiales, et sur-tout honnêtes, que cet auteur laisse
échapper tous les dix ans de sa plume innocente !

e précipite comme un torrent entre deux montagnes qui s'élancent et se perdent dans les nues, tantôt tombe goutte à goutte, et ne fait pour ainsi dire qu'humecter les rochers sur lesquels il coule, jusqu'à ce qu'il s'engouffre dans un abyme, et disparaisse entièrement aux regards du voyageur; l'élan impétueux de ce même fleuve qui reparaît à sept cents pas plus loin, et court s'unir à la Saône : tout cela surprend, étonne, et satisfait. Ainsi, de surprise en surprise, le voyageur parvient jusqu'aux environs de Nantua, située dans une vallée que je nommerais volontiers *le Val du Désespoir.* Je n'ai vu de ma vie rien de plus sauvage et de plus horrible. Les maisons isolées et en petit nombre que l'on y aperçoit paraissent avoir été bâties par quelque Robinson qui aurait fait naufrage dans le grand monde. Là, comme dans la nouvelle Zemble, règne un éternel hiver ; les rochers, noirs et dépouillés de verdure, semblent former une vaste prison ; le chant d'aucun oi-

seau ne vient interrompre le mugisse-
ment sourd et effrayant des eaux qui se
précipitent du haut des rochers ; des
marais fangeux entourent chaque petit
coin de terre labourable que l'industrie
des habitans semble avoir dérobé à la na-
ture sauvage. En sortant de Nantua, on
voit sur la cime des montagnes de vieux
châteaux ruinés, des crevasses et des
cavernes profondes, où les hommes ne
peuvent arriver que par le moyen des
échelles. C'est là que le cultivateur hardi
va planter la vigne sur un roc à peine re-
couvert de quelques pouces de terre, et
ose même construire une cabane qui de
loin semble suspendue comme par mi-
racle, et fait trembler le passant. En
sortant de derrière une masse de rochers
couverts d'une sombre forêt de sapins,
la nature ménage au voyageur le spec-
tacle le plus magnifique ; il entre tout-
à-coup dans une vallée agréable ; de tous
côtés de petits torrens s'échappent, et
viennent se jeter dans une rivière qui
serpente dans de vastes prairies. C'est à

l'extrémité de ce vallon que l'on voit la petite ville de Cerdon. Le lecteur me pardonnera si, contre mon gré et ma résolution, je me suis laissé entraîner au plaisir de décrire ; mais je n'ai pu résister au sentiment d'admiration que j'ai éprouvé en voyageant de Genève à Cerdon. Ce qu'on voit là mérite seul la peine d'un voyage.

Lyon.

Je serais tenté de nommer cette ville une vaste boutique (1), car je n'y ai presque point vu de maison dans laquelle il n'y ait quelque chose à vendre. On y voit avec admiration les ruines d'un aqueduc, ouvrage des Romains. Le vieux bain, également construit par les Romains, ne présente plus que des vestiges assez insignifians, et dont on doit la conservation à la dureté du ciment que le fer destructeur des jacobins et des vandales n'a pu dégrader.

(1) Il aurait pu, ce me semble, se servir d'une expression plus honnête.

On m'a fait voir, dans une église
quatre colonnes de marbre précieux,
qui supportaient jadis l'autel de l'em-
pereur Auguste; mais le vandalisme
paraît exercer encore son empire en ces
lieux (1), car j'ai vu des ouvriers occupés
à trouer ces colonnes, avec beaucoup de
peines et d'efforts, pour y sceller des
grilles, comme si l'on n'avait pu le faire
par un moyen plus simple et qui eût
conservé ces beaux morceaux dans leur
intégrité. Une promenade agréable sur
le bord de l'eau conduit jusqu'au con-
fluent du Rhône et de la Saône, qui ne
me paraît pas, à beaucoup près, offrir un
coup-d'œil aussi beau que la jonction
du Rhin et du Mein.

On m'avait vanté le quai comme étant
infiniment plus beau que celui de Pé-
tersbourg; mais il me semble qu'il ne
peut pas même entrer en comparaison,
bien loin de la soutenir. Là, la Neva

----

(1) Je laisse aux Lyonnais le soin de remercier,
comme ils l'entendront, l'aimable observateur qui leur
adresse un aussi joli compliment.

large et majestueuse; bordée de palais magnifiques; ici, le Rhône étroit et resserré entre deux rangs de maisons sans apparence; là, le trottoir et le parapet en granit; ici le trottoir pavé sans parapet; là, le fleuve couvert de vaisseaux et de chaloupes élégamment ornés; ici de grands vilains bateaux plats dans lesquels de longues files de blanchisseuses lavent du linge sale (1), et l'exposent ensuite aux regards des promeneurs.

Dans une fabrique que j'ai visitée, on faisait des coussins de croisée pour Bonaparte; ils étaient en velours bleu, brodé en or et en argent, et devaient assurément coûter une somme beaucoup plus forte que les appointemens qu'avait autrefois cet homme extraordinaire (2).

---

(1) M. Kotzebue voudrait peut-être qu'on lavât du linge propre.

(2) Convenez-en, M. Kotzebue, ceci vous à paru piquant; vous avez souri de bon cœur à cette pensée; vous avez trouvé cette phrase superbe, vous avez cru détruire, par un seul mot, par cette lourde plaisanterie, la gloire immortelle du chef de l'empire français : détrompez-vous, monsieur; vous avez justement produit

Le théâtre de Lyon est très-médiocre, sous tous les rapports. On donnait Eugénie ; le rôle du lord Clarendon était *beuglé* par un acteur sexagénaire (1) ; et plus il criait, plus les spectateurs applaudissaient, même quand ils n'avaient rien compris.

---

l'effet contraire. En rappelant que Bonaparte a su , par son génie, s'élever du rang de simple lieutenant, au trône des Charlemagne, vous avez, sans le vouloir, fourni à ses nombreux admirateurs une nouvelle occasion de passer en revue ses victoires encore plus nombreuses, et les moyens surprenans qu'il a employés pour tirer la France de l'état d'abjection où des barbares l'avaient réduite, et la remettre à la tête des nations du monde.

(1) Martelli devra être bien flatté de cet éloge, de la part d'un homme qui a été directeur à Vienne, Pétersbourg, Berlin, etc.; et qui se connaît en talent *comme personne*. Heureusement, le suffrage des Français dédommage amplement cet acteur estimable du malheur d'avoir déplu au *premier* auteur dramatique du monde. Au reste, on ne sera pas surpris de ce jugement porté contre Martelli, quand on saura que M. Kotzebue a condamné, sans exception, tous les comédiens français et autres qu'il a vu jouer à Paris. Le croira-t-on? sur tous les artistes en ce genre, que la France possède, et dont elle s'enorgueillit, deux ou trois seulement ont mérité de sa part une exception : nous ne les nommerons pas, de peur d'offenser leur modestie.

Tout le monde ici maudit la révolution. Est-ce par conviction, ou par mode? Cela n'empêche pas qu'on n'en ait conservé beaucoup d'usages. Par exemple, les hommes de la classe inférieure ne se découvrent plus ; les valets et les postillons entrent même dans votre chambre sans ôter leur chapeau, et sans vous saluer (1). Si ce n'était qu'une

---

(1) Malheureux que vous êtes! comment pouviez-vous ignorer que vous aviez l'honneur de parler à M. le président Kotzebue? Humiliez-vous, faquins; prosternez-vous devant ce grand homme.

Quelle différence pour vous, M. Kotzebue, entre ce voyage-ci et celui que vous fîtes en Sibérie il y a quatre ans! c'est là, comme vous nous l'apprenez dans votre *Année mémorable,* qu'on vous *saluait,* qu'on *s'empressait au devant de vous;* c'est là que les paysans *sortaient en foule* de leurs humbles chaumières, et se *précipitaient sur la route* pour admirer de plus près le génie créateur et fécond qui fit répandre tant de larmes, C'est là que votre petit amour-propre fut *délicieusement* chatouillé en apprenant que vos pièces étaient jouées *tous les jours* avec un succès *incroyable* à Tobolsk, à Kurgan, et jusqu'au fond du Kamstchatka; *assez mal à la vérité;* mais que *leur grand mérite,* dites-vous naïvement, faisait passer sur le reste.

Ah! combien vous dûtes regretter cet heureux temps de votre exil, en vous trouvant en France, entouré

3.

mode, on pourrait ne pas s'en offenser,
car les femmes et les Turcs n'ôtent ja-
mais leurs chapeaux (1) ; mais attendu
que c'est ici une marque de la fraternité
et de l'égalité tant vantées, cela devient
insipide et insupportable.

Entre Lyon et Paris.

Si jamais il vous prend fantaisie de
voyager en France, je vous conseille
de ne le pas faire en poste et dans votre
voiture ; car, outre que vous dépenserez

---

d'*ignorans* et de *barbares,* dont le cœur insensible ne
battait pas à votre approche, pour les avertir qu'ils se
trouvaient en présence de l'auteur *le plus étonnant* que
l'Allemagne.... que dis-je?... que l'univers ait jamais vu.
Croyez-moi, pour qu'un pareil scandale ne se renouvelle
pas dans les pays que vous daignerez honorer de votre
présence auguste (ce qui pourrait bien arriver), faites-
vous précéder sur la route par quatre ou cinq courriers,
qui proclameront dans chaque ville ou village votre nom
et vos titres à la célébrité ; c'est alors que vous recevrez
le *juste* hommage qui vous est dû ; c'est alors que vous
serez bien plus étonné de l'accueil que l'on vous fera.

(1) Il serait plaisant que M. Kotzebue prétendît faire
ôter le chapeau à des gens qui n'en ont jamais porté.

ringt fois plus que vous n'aurez compté,
vous éprouverez encore des chicanes sans
fin, et vous serez continuellement ex-
posé à des insultes et à des provocations
impertinentes et désagréables. D'abord,
les ordonnances de poste concernant le
nombre des chevaux à prendre sont
les plus extraordinaires et les plus ridi-
cules du monde, en ce qu'elles mettent
entièrement le voyageur sous la dépen-
dance des maîtres de poste. Deux per-
sonnes doivent prendre trois chevaux et
en payer quatre; trois personnes doivent
prendre quatre chevaux et en payer cinq,
ainsi de suite. En outre, on n'a pas la
moindre attention pour la voiture ou les
effets qu'elle contient. A Genève, on ne
me mit que deux chevaux, et dans le
fait il ne m'en fallait pas davantage; à
quelques postes plus loin on m'en donna
trois, à Lyon quatre, et il me fallut en
payer cinq. Enfin, on alla jusqu'à me
forcer de prendre deux postillons aux-
quels il me fallut payer doubles guides.
Ajoutez à cela l'argent des barrières

que l'on a placées de lieue en lieue, et
où l'on vous demande chaque fois douze
sous (1). Ce n'est pas tout encore ! Vous
donnez un louis à changer, on vous le
rapporte au bout d'un quart-d'heure en
vous disant qu'il n'a pas le poids, et que
vous devez perdre trente ou quarante
sous dessus, ou l'on vous soutient qu'il
est faux, et on vous le change effective-
ment contre un faux, comme cela m'est
arrivé plus d'une fois (2). Si vous payez
en écus, on les refuse parce qu'ils sont
rognés (3). Voulez-vous payer en petite
monnaie? on la refuse encore, parce que
le coin est effacé et que l'on ne voit plus
l'effigie du prince. A la vérité, si vous

______

(1) On sait que M. Kotzebue n'aime pas à payer,
car il s'est déja plaint amèrement, à cette occasion, des
droits de passe établis sur la route de Gotha.

(2) Pour cela, il ne peut s'en prendre à personne qu'à
lui ; car assurément il n'est si mince génie qui ne se
méfiât de pareille supercherie s'il en avait été la dupe
une fois.

(3) Cela est juste, et doit arriver par-tout où la monnaie
est altérée.

changez de l'or, on vous apportera chaque fois des poignées de cette mauvaise monnaie non marquée ; si vous refusez de la prendre, on vous prouvera, l'une après l'autre, que chaque pièce est bonne, et que, d'après la loi, on est tenu de les accepter. Mais, si vous voulez, quelques minutes après, les donner en paiement à celui même de qui vous les tenez, il vous répond sèchement : *ça n'est pas marqué*. Vous aurez beau vous fâcher, les choses n'en iront pas moins, et vous serez fort heureux si vous n'arrivez pas à Paris avec les poches remplies de cette mitraille.

Ce n'est pas tout encore ! Voyagez-vous en poste ? il semble que les aubergistes se soient donné le mot pour vous écorcher ; c'est à qui vous volera avec plus d'impudeur et d'effronterie. Vous ne croirez jamais que dans une petite ville on m'ait fait payer douze francs pour une omelette et une bouteille de vin du pays, qui valait à peine huit à dix sous ; c'est cependant l'exacte vérité (1). Dans les auberges des grandes villes, vous avez de plus à satisfaire l'insatiable avidité des domestiques. A Lyon, par exemple, il en vint au moins dix me demander pour boire; la cuisinière, la fille qui sert à table, celle qui allume le feu, celle qui fait le lit, celle qui apporte le thé ou le café, les garçons, le cocher, et jusqu'au valet d'écurie qui avait lavé ma voiture; et je ne connais pas de moyens de se débarrasser de tant d'importuns, sinon d'avoir toujours la bourse à la main (2). Cette persécution provient de la grande

(1) Tout n'est pas profit dans le monde, et il en coûte nécessairement dans tous les pays pour se faire remarquer. Si M. Kotzebue eût voyagé modestement comme doit le faire un *pauvre* auteur, il n'eût pas produit sur la route la moindre sensation; aussi un bon repas à table d'hôte ne lui a-t-il coûté que trois ou quatre francs au plus; mais il nous est venu tout chamarré de cordons, tout couvert de crachats; on l'a pris pour l'ambassadeur de quelque puissance alliée, et il me paraît tout simple qu'on lui ait fait payer le plaisir de passer un moment pour un *grand* homme.

(2) Ah que c'est dur!

misère, et sur-tout de ce que l'on voit
très-peu de voyageurs. Les Anglais, qui
répandaient beaucoup d'or dans ce pays,
n'y paraissent plus; en un mot, depuis
la guerre, on n'y voit que peu ou point
d'étrangers. L'avidité excessive des au-
bergistes et des maîtres de poste est
encore une des grandes raisons qui em-
pêchent, même les habitans du pays, de
voyager en poste. De nombreuses dili-
gences, qu'on nomme *berlines* ou *ca-
briolets*, parcourent toutes les routes
de la France. Elles sont, en général
bien suspendues, et vont pour le moins
aussi vîte que les voitures de poste. Un
voyageur qui aime ses aises peut pren-
dre deux places au lieu d'une, ou même
retenir pour lui seul toute la diligence,
si bon lui semble; et il dépensera en-
core moitié moins que s'il voyageait
dans sa voiture. Il trouve par-tout une
bonne table, et pour un prix modique.
Le conducteur se charge de la dépense,
et prend soin de tout; le voyageur n'a
rien à démêler avec les postillons, et

n'entre pour rien dans les réparations
de la voiture. Je conseille à toutes les
personnes de notre pays de laisser leurs
voitures sur la frontière, sur-tout si,
comme moi, elles les ont achetées à
Berlin; car on y emploie de si mauvais
fer, et les routes de France sont si dures,
qu'on est obligé de s'arrêter à tous mo-
mens pour y faire des réparations; et
les maréchaux ne sont pas honteux de
vous demander jusqu'à trente francs
pour une vis ou pour tout autre petit
morceau de fer (1). Vous me pardon-
nerez ces détails, en faveur de l'utilité
dont ils peuvent être pour des voyageurs
sans expérience.

Je termine par une remarque impor-
tante. J'ai vu, à Montargis et en d'au-
tres endroits, des poteaux placés de ma-
nière qu'ils ne puissent échapper aux
regards, et portant cette inscription :
Citoyens, respectez les propriétés;

______

(1) Ceci est ridicule à tel point, qu'il est inutile d'y
répondre; mais cela peut servir du moins à donner une
idée de la véracité de cet *illustre* voyageur.

elles sont le fruit de l'industrie. Est-ce encore là un reste de la révolution? ou pense-t-on qu'une telle recommandation soit nécessaire? Alors, tant pis (1).

(2) On sera à même de remarquer, dans le cours de cet ouvrage, que l'auteur, ne laisse échapper aucune occasion d'adresser quelque reproche aux Français, ou de faire quelque réflexion désobligeante sur les choses en général, et sur les individus, de quelque classe qu'ils soient : et c'est là l'homme que l'on a fêté, recherché, et qui a reçu par-tout un accueil obligeant et flatteur que certes il était loin de mériter, sous quelque rapport qu'on l'envisage!.... Quand donc les Français, les Parisiens sur-tout, cesse-ront-ils de s'enthousiasmer à tort et à travers pour ces personnages si vantés au-dehors, tandis que dans leur pays, ils sont souvent inconnus ou ignorés, ou même décriés; pour ces artistes ou littérateurs dont tout le mérite consiste bien souvent dans une terminaison en *i*, en *o* ou en *u*? Lorsque nous pouvons citer avec orgueil cent noms fameux dans la littérature, les sciences et les arts, pour-quoi prodiguons-nous si légèrement à des étrangers qui croient bonnement que nous ne faisons que leur rendre un hommage bien légitimement dû, et que nous ne pou-vons refuser à la supériorité de leurs talens; pourquoi, dis-je, leur prodiguons-nous un encens qui devrait être exclusivement réservé à ceux de notre nation? Conservons cette attitude noble, cette dignité, qui conviennent à un peuple qui ne reconnaît de maîtres dans aucun genre; montrons-nous affables, gais, prévenans, affectueux envers tout le monde; que les étrangers sur-tout soient

En venant de Lyon à Paris, cette immense cité se présente magnifiquement, parce qu'on arrive par une hauteur à peu de distance, et que de là on découvre un vaste demi-cercle, terminé par Montmartre et les collines environnantes, qui semblent couronner ce prodigieux amas de maisons. En venant de Strasbourg, au contraire, on ne s'aperçoit qu'on est à Paris qu'en se trouvant au milieu de ses rues sales et dégoûtantes, ce qui en donne d'abord une idée désavantageuse aux voyageurs.

---

accueillis chez nous avec cette politesse aimable et recherchée qui a toujours distingué le Français; mais point d'adulation, point de ces éloges outrés et ridicules que nous ne prodiguons aux autres qu'aux dépens de notre amour-propre et de la juste admiration que nous devons à ceux de nos compatriotes qui ont acquis des titres à la célébrité.

CHAPITRE II.

Les rues de Paris décrites en quatre lettres à une dame (1).

LETTRE PREMIÉRE.

CHÈRE AMIE ! le proverbe *Dis-moi qui tu hantes, je te dirai qui tu es* est susceptible de beaucoup de modifications : car il n'y a que l'homme tout-à-fait indépendant qui soit à même de se choisir des amis à sa fantaisie ; mais je serais tenté de naturaliser en France un autre proverbe allemand : *Dis-moi*

______

(1) J'aurais pu, sans faire tort au lecteur, supprimer entièrement ce chapitre ; car, malgré les nombreuses coupures que j'ai faites, il n'y trouvera presque rien qui n'ait été décrit plus agréablement et avec infiniment plus de justesse, de goût et de gaieté dans les deux *Tableaux de Paris*, par Mercier ; dans les *Essais* de Saint-Foix, dans les *Curiosités de Paris*, par Dulaure, etc. ; mais j'ai été bien aise de mettre les Français à même de juger l'incivil étranger qui croit, dans sa ridicule présomption, que sa lourde critique va changer l'opinion de l'univers.

comme ta chambre est arrangée, et je te dirai quel homme tu es.

A quoi tend cet exorde ? le voici : la capitale étant pour ainsi dire l'intérieur du ménage de la nation, si je réussis à vous faire connaître un peu plus particulièrement le Paris *d'aujourd'hui,* je croirai vous avoir donné une idée à-peu-près juste d'une partie de cette même nation. Venez donc avec moi faire un tour dans les rues de Paris; vous n'en serez pas fâchée. Aucun étranger ne devrait négliger cette promenade; car les quais, boulevards, etc., offrent, du matin jusqu'au soir, le spectacle le plus divertissant. J'ai bien souvent employé mes loisirs à m'y promener à pied; je me suis arrêté par-tout où j'ai vu se former des groupes; j'ai regardé, entendu, observé, bâillé même si vous voulez; mais enfin je me suis beaucoup amusé, et assez souvent même j'ai déposé un petit grain d'expérience dans le fond de ma mémoire : suivez-moi donc hardiment.

Voilà une roue de fortune en verre, n'en soyez pas surprise ; les extrêmes se touchent. La nation la plus éclairée de l'Europe parait en même temps la plus superstitieuse ; à tous les coins, dans toutes les extrémités de la ville, vous trouverez des hommes rusés qui, sous diverses formes et de mille manières différentes, attirent les passans pour leur annoncer infailliblement les numéros qui sortiront au tirage prochain de la loterie ; et toujours ces faux prophètes sont environnés d'un cercle nombreux d'auditeurs, et d'un essaim de curieux, dont les plus crédules se laissent séduire par les brillantes promesses de ces charlatans. Deux sous sont le prix ordinaire de ces prophéties infaillibles. Là, un autre a dressé une espèce de table avec des caractères mobiles : vous lui dites la lettre initiale de votre nom, aussitôt il la tire de sa place, et une petite case appliquée par derrière renferme tout ce que vous desirez savoir. Un troisième a trouvé cette manière de prophétiser trop simple. Regardez cette table sur laquelle toutes sortes de petites figures se tournent, poussées par un mécanisme intérieur; au premier aspect on ne la prendrait pas pour le sanctuaire d'un prophète de loterie; mais bientôt vous apercevez, au-dessus des marionnettes, un zodiaque attaché à la colonne qui traverse la table. Plus haut vous découvrez un autre cercle, qui porte les 90 numéros. Désignez maintenant avec le doigt celle de ces marionnettes qui vous paraît posséder le mieux la science divinatoire; par exemple, cet *Empereur turc* qui vous menace si majestueusement de son sceptre; aussitôt toutes les figures se mettent à courir; le zodiaque, les numéros tournent, le rouage se démonte, l'*Empereur turc* s'arrête, et vous indique avec son sceptre le mois d'août, au-dessus duquel on lit le numéro 78. Rien de plus naturel et de plus sûr; vous mettez ces numéros au mois d'août, et vous êtes à-peu-près certain...de perdre votre argent. Vous souriez de pitié en voyant des hommes se livrer aussi sérieusement à ces jeux d'enfant! Eh, mon Dieu! n'est-ce pas ainsi que des êtres prétendus raisonnables écoutent chaque jour les rêveries d'un philosophe qui, du haut de sa chaire, soulève gravement à leurs yeux éblouis le rideau de l'avenir, comme un autre déroulerait une feuille de papier?

Passons là-bas, où brille cette inscription pompeuse : *La Chaîne d'or de la Destinée.* C tte chaîne magnifique, composée de quatre-vingt-dix espèces de cartouches en papier doré, est montée sur une roue qu'un aveugle fait mouvoir : vous choisissez une de ces cartouches ou tiges, l'aveugle l'ouvre, et le numéro qu'elle renferme fait encore une fois votre bonheur. Mais si vous ne voulez pas absolument-vous enrichir à la loterie, vous aurez du moins la curiosité de savoir votre sort futur, même le passé, si vous le desirez. C'est auprès du Pont-Neuf que vous le verrez, cet homme étonnant, qui s'annonce comme

privilégié par la police. A la vérité, il
a voué son talent principalement à la
loterie (*parce que les hommes aiment
beaucoup mieux gagnerde l'argent que
de connaître l'avenir*); mais en même
temps, si vous le desirez, il vous ouvre,
pour deux sous, le livre du destin : alors
il vous apprend, avec une facilité, une
volubilité, qui tiennent du prodige, tout
ce qui vous est arrivé, et tout ce qui
vous arrivera. Que vingt et trente per-
sonnes de tout état, âge ou sexe, lui
adressent à-la-fois la parole, cela ne le
dérange pas le moins du monde; il fixe
l'une après l'autre, lit dans les yeux et
dans toute la physionomie, parle à cha-
cun environ deux minutes, garde avec
tous un sérieux imperturbable, s'énonce
avec élégance, ne se répète pas (j'y
suis resté à-peu-près une demi-heure),
n'hésite et ne balbutie jamais, fait à la
fin une légère révérence, ne demande
rien, s'adresse au suivant, prend ce que
le premier lui glisse dans la main , et le
met dans sa poche sans le regarder et

sans mot dire. Dans une autre situation, cet homme serait certainement devenu un habile orateur. Ce qu'il y a de plus plaisant dans tout cela, c'est la figure de ceux qui le consultent : une haute dévotion, une résignation parfaite, et une croyance inébranlable; se peignent visiblement dans tous leurs traits. J'ai vu plus d'une fois les assistans, muets d'étonnement, regarder avec un air stupide l'oracle qui prononçait sur leurs destinées, et plus d'une femme le quitter les larmes aux yeux, quand, par sa manière de parler toujours en équivoques (sur-tout en ce qui concerne le passé), il avait, par hasard, approché de la vérité. Les mêmes Parisiens qui, peu d'années auparavant, promenaient la déesse de la Raison sur leurs épaules; croient maintenant aux prophéties, et environnent par centaines le premier charlatan qui veut bien se donner la peine de les attraper (1). D'où cela vient-il?

____

(1) Tout charlatan qu'il est, M. Kotzebue ne les attrapera plus.

de ce que le Français est inépuisable en tournures polies et agréables, qui ne manquent jamais leur effet sur les auditeurs, quoique en général on sache à quoi s'en tenir sur leur sincérité. Voilà un homme qui fait tourner un jupon de poupée sur le bout de l'index ; bientôt on en voit sortir un *diablotin* ; alors notre escamoteur élève brusquement la main vers le ciel, et s'écrie : « Le voilà qui s'envole »! Il assaisonne cette platitude d'une manière tout-à-fait agréable, par un récit piquant et circonstancié de tout ce que le *diablotin* verra en planant au-dessus de Paris ; tantôt ce sont les chaloupes canonnières, dont il fait une description *fastidieuse et emphatique* ; tantôt c'est une jeune fille qui vient de sortir du lit, et à laquelle il prête tous les charmes possibles. Quelque riche que soit la matière que pourrait lui fournir encore son *Diable volant* (imitation du *Diable boiteux*), il s'arrête tout-à-coup pour varier la conversation, fait entrer dans le cercle un petit garçon âgé de dix ans environ,

lui pose la main sur la tête, et lui de-
mande d'un ton grave, s'il est marié ;
le petit bonhomme ébahi, regarde et
dit : Non. « Jure, continue le farceur,
« d'une voix de Stentor, jure que tu n'es
« pas marié ». Il fait lever la main à
l'enfant, qui jure. « Eh bien ! je te ren-
« drai heureux ». Il lui donne alors une
boîte dans laquelle il promet de faire
entrer par enchantement autant de louis
qu'il en voudra. Mais avant de com-
mencer ses jongleries, il s'adresse fort
galamment au public : « Vous pourriez
« demander, messieurs, pourquoi avec
« cette facilité de faire de l'or, je ne me
« rends pas heureux le premier ? c'est
« que je le suis déja. Tout ce que je fais
« ici, n'est absolument que pour avoir
« l'honneur de contribuer à votre amu-
« sement ». Après cela la boîte se rem-
plit d'or, du moins elle devient aussi
pesante dans sa main que si l'or y était ;
à la vérité, l'on n'y trouve en l'ouvrant
qu'une pierre. Mais est-ce la faute de
l'artiste si le petit bonhomme est né hors

le mariage, et si sa mère a été une fille
de mauvaises mœurs ? Il assure, d'un
air rusé, « que cela n'arrive que très-
« rarement à Paris », et passe lestement
à un autre objet. Toutes ces farces sont
faites pour le peuple, mais elles sont
exécutées avec décence, et ne manquent
pas d'esprit. Convenez, ma chère amie,
que la nation dont la populace rit de
bon cœur de ces facéties a devancé dans
sa culture beaucoup d'autres nations.
Mais passons à son voisin. Celui-là épie
soigneusement le moment où le bel es-
prit que nous venons de quitter reprend
haleine ; alors il s'écrie bien vite : « Mes-
« sieurs, pendant que mon voisin se
« repose, permettez que je vous fasse
« voir une expérience des plus cu-
« rieuses ». Sans attendre la réponse, il
présente une petite cassette dans laquelle
il fait tirer des demandes qui se rap-
portent à l'argent, à la santé, à la fidé-
lité ou à l'infidélité de l'objet aimé, à
l'espérance de postérité, etc. Tandis que
l'on prend ces demandes dans la cas-

elle, le magicien se tient dans l'éloi-gnement pour prouver qu'il n'a pas besoin d'en connaître le contenu. Après cela, on reçoit de lui, moyennant deux sous, premièrement, la réponse à la demande; deuxièmement, un caracté-ristique parfait de celui qui demande, et dans lequel lui sont comptés son tempérament, ses défauts, et ses vertus, avec de bons conseils pour sa conduite future; troisièmement enfin, les cinq numéros qui sortiront au tirage prochain de la loterie; le tout imprimé sur du papier assez blanc. En vérité, je ne conçois pas comment cet homme, avec les dépenses qu'il est obligé de faire, peut tirer de ses pauvres deux sous assez de profit pour gagner sa vie. Je fais souvent cette réflexion en me prome-nant. Par exemple, voilà un homme qui offre à tous les passans les règles du jeu de piquet imprimées. La brochure est de deux feuilles, je ne vois pas un individu sur mille qui la lui achète; cependant je le trouve depuis quinze

jours à la même place, et il vit. Ecoute
cette petite fille qui tous les soirs s'en
rhume à force de crier : « Cinquan
« cure-dents pour deux sous » ; elle a u
très-faible débit de sa marchandise ; ell
est laide, personne ne lui achète, e
pourtant elle existe. Voyez cette vieill
femme qui, d'une voix rauque, lit su
une petite feuille de papier brouillard c
qui s'est passé dans la dernière séan
du conseil d'état : à peine a-t-elle fin
que sa voisine, plus vieille encore, ouvr
une grande bouche édentée, et répand
un torrent d'éloquence imprimée sur l
perfidie des Anglais, en montrant le
gravures qui ornent sa feuille, et dan
lesquelles le roi d'Angleterre est fort
maltraité. On entend *gratis* l'élocution
agréable de ces deux femmes, on achèt
leur feuille pour un sou, et elles existent!
Passons de ces figures de sorcières à
cette jeune fille rondelette et jolie qui
est debout devant une petite table garnie
d'une demi-douzaine de chandeliers
d'étain ou plaqués, et tous très-sales;

elle tient à la main un chiffon de laine, qu'elle trempe dans une poudre rouge, et pendant qu'elle rend aux chandeliers leur premier poli, elle vante avec une grande volubilité la vertu merveilleuse de sa poudre. Elle demande les dés et les boucles des spectateurs, et les remet à neuf; elle promet même de faire disparaitre les taches de la figure avec sa poudre; mais je n'ai vu personne qui voulût lui prêter son visage pour cette expérience. Un militaire passe, il lui montre une cicatrice sur la joue, et lui demande, en riant, si elle pourra faire passer aussi celle-là. Elle répond qu'oui, et lui promet à ce sujet une visite sur la brune. Mais que veut ce matelot avec son microscope? où a-t-il donc trouvé cette vieille machine mal-propre, et raccommodée avec un fil de fer? Que fait-il voir à travers? — Une puce. — Et cela coûte? — Un sou. — Approchons un moment de cette boutique: l'inscription pompeuse qui la décore annonce

une merveille : « Qui veut voir, s'ap-
« proche et regarde » ! Qu'est-ce donc?
Une puce qui traîne un éléphant ; une
puce qui fait marcher un carrosse à six
chevaux rempli de monde ; une puce à
la patte de laquelle on a attaché une
boule de métal, au moyen d'une chaîne
d'or, et qui saute gaiement malgré son
fardeau. Tout cela est vrai. On conçoit
difficilement qu'un homme se soit donné
la peine de faire, avec une finesse ad-
mirable, des éléphans, des voitures, et
des chaînes en or, pour y attacher une
puce (1). Mais ce qu'il y a encore de

____

(1) Je suis surpris qu'en sa qualité d'historien véridique
et d'observateur exact, M. Kotzebue ne parle pas de la
manière dont on nourrit ces petits insectes, car elle n'est
pas moins originale que le reste. Quand par hasard une
de ces puces se trouve fatiguée ou de mauvaise humeur,
et refuse de faire son service, la femme qui les montre
s'adresse aux curieux, et leur dit : « Messieurs, la grande
affluence que ce spectacle merveilleux et unique en son
genre attire chez nous ne permet pas à mes puces de
prendre un instant de repos ; permettez qu'elles se res-
taurent un moment, je vais leur donner à dîner, ensuite
vous les verrez travailler sur nouveaux frais. Le désir de
vous plaire leur donnera de nouvelles forces, et vou-

plus plaisant, et ce qui prouve une invention non moins bizarre, l'artiste montre aussi deux mouches qui se battent à l'épée. Voilà comme il s'y est pris. Deux mouches sont attachées perpendiculairement à deux épingles fixées derrière leurs ailes, de sorte qu'elles tendent les pattes en l'air. Après les avoir placées l'une vis-à-vis de l'autre, et de bien près, on leur donne une petite boule de liège à laquelle est attaché un brin de paille. Aussitôt que cette boule touche

---

aurez lieu d'être pleinement satisfaits de leur adresse. »
A peine a-t-elle fini cette éloquente péroraison, qu'elle relève les manches de sa robe jusqu'au dessus du coude, et dépose sur son bras, blanc comme l'albâtre... oriental, quatre ou cinq de ces pensionnaires affamées, qui, sans se le faire répéter deux fois, la piquent vigoureusement, et la sucent pendant quelques minutes. Cette femme tient son bras tendu pour faire admirer à l'assemblée ce spectacle piquant, et supporte cette espèce de supplice avec un courage et une résignation vraiment comiques. Enfin, quand elle présume que le repas doit être terminé, elle remet sur la table ces petites bêtes, qui remplissent à merveille les promesses qu'on a faites en leur nom ; on les voit en effet s'évertuer à qui mieux mieux, et cabrioler à n'en plus finir pendant une heure ou deux.

4.

leurs pattes, elles la saisissent pour s'y
tenir; par ce mouvement la boule tourne,
et le brin de paille s'agite vers l'ennemi.
Comme celui-ci en fait autant de son
côté, les deux brins de paille se touchent
souvent comme deux épées, et voilà le
duel des mouches. Tout près de cette
salle d'armes, on vous invite à faire en
quelques minutes un voyage de quel-
ques centaines de lieues sur des chevaux
mécaniques. Vous souriez d'un air mo-
queur, mais vous n'entrez pas moins.
A peine la vieille toile qui ferme la
baraque s'est-elle levée, que l'on dé-
couvre du premier coup-d'œil que ce
n'est rien autre chose qu'une espèce de
carrousel qui se distingue des autres par
cette circonstance qu'il ne faut personne
pour le tourner, et que le cavalier, en
tirant fortement la bride, met la roue
en mouvement, et par conséquent se fait
tourner lui-même avec une grande vi-
tesse. Cette bagatelle nous a coûté quatre
sous.

Mais je vois que cette promenade vous

a fatiguée (1). Si le beau temps continue nous la reprendrons demain, car je vous assure qu'il nous reste encore bien des jolies choses à voir.

LETTRE DEUXIÈME.

Chère amie, le temps est superbe aujourd'hui, nous continuerons notre promenade : les objets ne seront pas toujours aussi rians, et je ne vous garantis pas que quelquefois une larme ne tombe de votre paupière.

Voilà déja un pauvre aveugle; que son chant est simple et touchant! A ses côtés est couché son conducteur, son chien fidèle, qui secoue de temps en temps sa triste clochette. A deux pas de lui est un autre aveugle, qui apparemment ne sait pas chanter : au défaut

---

(1) Le lecteur l'eût été bien davantage, si je ne lui eusse fait grace de la moitié des réflexions oiseuses que suggère à M. Kotzebue la chose la plus simple ou la plus insignifiante.

de cela, il a devant lui une espèce d'échafaudage auquel sont suspendues plusieurs petites cloches de différens sons, et qu'il met en mouvement avec des ficelles. Il ne demande pas hautement, mais de temps en temps il met la main dans le chapeau qui est auprès de lui, pour savoir s'il a passé là quelque homme charitable ; hélas ! il ne la retire que trop souvent sans avoir rien trouvé.

Nous n'irons pas loin pour rencontrer un autre malheureux qui est encore privé du plus précieux de ses sens : il est assis sur le boulevard, devant un mauvais piano sur lequel il tappe une sonate de toutes ses forces ; jamais les auditeurs ne lui manquent, mais la petite coupe de fer-blanc attachée à son instrument, retentit rarement du don de la compassion.

A peine avons-nous quitté celui-là que nous en trouvons encore un autre qui cherche à toucher les cœurs par les sons d'un violon discordant. Il joue en marchant ; son chien, qui le mène avec la plus grande précaution , est attaché par une petite chaîne à un bouton de sa veste. Cependant je fus une fois témoin que ce malheureux, dans sa sécurité , manqua d'écraser , contre un mur, toute sa richesse, sa tête et son violon, dans un coin où son pauvre squelette de chien , attiré par l'odeur d'un os , l'avait conduit.

Mais parmi cette foule d'aveugles qui parcourent les rues en chantant , en jouant ou en sonnant , il n'y en a pas qui rassemblent plus de curieux que deux joueurs de piquet; ils jouent toute la journée, non pas pour gagner l'argent l'un de l'autre, mais pour en recevoir de ceux qui les regardent. Avec quelle finesse de tact ils savent reconnaître les cartes en les tâtant ! Pour peu qu'il connaisse ce jeu, chaque passant s'y intéresse pendant quelques minutes , et le soir ces malheureux ne se lèvent jamais sans avoir gagné quelque chose.

Mais éloignons-nous des aveugles , dont l'aspect ne peut qu'affliger ceux qui voient, quoique la plupart des Parisiens, endurcis sans doute par l'habitude de les rencontrer par-tout, passent auprès d'eux avec la plus froide indifférence. Le plus souvent ce sont des femmes d'un certain âge, et que je prenais pour des cuisinières, à en juger d'après le panier qu'elles avaient au bras, que j'ai vues leur donner l'aumône; peut-être cherchaient-elles à faire taire les reproches de leur conscience pour avoir fait danser l'anse du panier (1). Approchons-nous plutôt de ce *sorcier musicien* qui, par son habileté rare, mérite véritablement d'être admiré. Il exécute, à lui seul, une *symphonie* concertante sur cinq instrumens à-la-fois. D'une main il tient un flageolet double à deux embouchures, dans lesquelles il souffle alternativement, souvent dans toutes les deux ensemble; de l'autre main il joue de la harpe avec assez de facilité; d'un pied il bat le tambourin, et avec les doigts de l'autre il joue des castagnettes.

____

(1) Oh, le malin!

C'est un assez bel ensemble ; mais le pauvre homme se fatigue au moins autant que mademoiselle Maillard de l'opéra (1), et pourtant on ne lui jette que rarement une chétive pièce de deux sous.

Ne passons pas devant cet autre, là-bas, sans jeter quelque petite pièce d'argent dans son assiette. A la vérité, la manière dont il joue de la harpe n'est pas très - engageante, mais la pauvre jeune fille qui près de lui chante les yeux baissés mérite, à coup sûr, une aumône. Ses regards fixés vers la terre semblent dire : *Je chante, il est vrai; mais mon père n'a pas de pain.*

Ces deux enfans qui chantent en duo

---

(1) Ceci n'est point une comparaison, c'est une sottise. J'ai dit plus haut que deux ou trois personnes seulement avaient été exceptées de l'effrayante proscription à laquelle tous les artistes dramatiques de Paris ont été condamnés par M. Kotzebue; et, d'après le goût qui distingue ce *grand* homme, il est tout simple que mademoiselle Maillard y soit comprise. Mais qu'elle se console; elle est amplement vengée de cette injure par le suffrage des gens de goût, et des amateurs de la belle musique de Gluck, qu'elle fait si bien valoir.

4*

sur ce pont produisent justement l'effet
contraire. Les paroles de leur chant tou-
cheraient les cœurs, si ces enfans ne
criaillaient pas d'une manière aussi dis-
cordante, et ne regardaient pas de tous
côtés avec l'air le plus effronté. Leur
aspect et leurs plaintes ne produisent que
cette pensée : *Un jour ils seront des vau-
riens.*

Je connais un groupe d'enfans mieux
calculé, que je ne vous ferai pas voir,
parce qu'il déchire le cœur. Dans la rue
Vivienne, j'ai vu, pendant plus de trois
semaines de suite, trois pauvres enfans
couchés dans la boue ; le plus âgé d'en-
tre eux, ayant environ dix ans, était
assis contre le mur, et tenait dans ses
bras une autre créature couverte de hail-
lons, âgée de trois ans au plus, et qui
ne faisait que gémir. A ses côtés était
étendue une troisième figure de misère,
d'à-peu-près cinq ans. Ces enfans ne
mendiaient pas, mais on lisait sur un
papier posé à terre, et à peine éclairé
par un petit bout de chandelle, ces mots

simples et touchans : *Nous n'avons ni père ni mère.* Rarement quelqu'un passait sans s'attendrir, et comme la rue est très-passagère, la récolte était toujours abondante. J'ai remarqué avec plaisir que particulièrement les soldats donnaient, et donnaient beaucoup. Un soir j'en vis un qui était profondément ému ; il portait deux grandes moustaches noires qui contrastaient singulièrement avec l'expression de sa figure. A la faible clarté que répandait sur nous le triste luminaire de ces malheureux orphelins, je crus voir briller quelques larmes dans les yeux de ce brave militaire ; mais en descendant le long de ses joues, elles se perdaient à travers les énormes moustaches qui les couvraient de leur ombre. Il regarda pendant quelque temps, en silence, le groupe étendu à ses pieds ; le plus petit poussait alors des cris plus douloureux encore, parce qu'il avait froid. Aussitôt le brave soldat met la main dans sa poche, et donne au plus âgé deux pièces de douze sous, sous la condition de porter tout de suite l'enfant à la maison, et de le réchauffer. Il lui répéta cette condition trois ou quatre fois, et se le fit promettre autant de fois par le petit garçon. Alors il me vit en se retournant. Vous êtes père, à ce qu'il paraît? lui dis-je. Oui, monsieur, me répondit-il d'un ton assez dur, et il s'éloigna promptement. Je restai encore un moment pour voir si le garçon emmènerait son petit frère, comme il l'avait promis; mais il ne le fit pas.

Je suis fâché que la police tolère de tels spectacles : il me paraît presque impossible que la santé de ces pauvres enfans n'en soit pas altérée.

Il est rare à Paris qu'un mendiant vous aborde; de temps en temps seulement on entend derrière soi chuchotter ces mots : *Monsieur, je meurs de faim.* Pour l'ordinaire, les pauvres cherchent à se procurer une espèce de droit à la compassion et à la générosité des passans. L'un court le balai à la main quand vous voulez traverser une rue sale, et vous

ouvre un passage au milieu de la boue ;
l'autre profite d'une averse qui remplit
d'eau le milieu de la rue, il met une
planche commode en travers du ruis-
seau pour aider les passans. Il juge de
ceux qui peuvent ou doivent lui donner
quelque chose d'après leurs habits ; tous
ceux qu'il croit pauvres peuvent passer li-
brement, tandis qu'au contraire il pousse
la galanterie jusqu'à offrir sa main aux
jolies femmes pour les faire traverser
plus aisément.

Mais il ne pleut pas à présent , et
j'oublie que nous nous promenons pour
observer le tumulte et la confusion qui
règnent dans les rues.

Voyez-vous ce cercle ? On dirait qu'il
se passe là quelque chose de bien im-
portant. Un vieux gaillard, peut-être un
danseur de corde, a appris à quelques
polissons de la rue à faire des culbutes.
Deux de ses élèves semblent lui être
échappés ; et, résolus de faire le métier
pour leur propre compte, ils ont étendu
là-bas, au coin de la rue, un vieux mor-

ceau de tapis troué à tel point qu'à peine les lambeaux tiennent encore ensemble; ils ont tâché de transformer leurs propres haillons en costume de danseur de corde; l'un se roule sur le tapis, tandis que l'autre s'efforce d'imiter les plaisanteries insipides d'un paillasse. Cet autre, avec ses gobelets, ne mérite pas plus d'attention; c'est un escamoteur ordinaire.

Mais passons un moment derrière ce rideau, vous n'en serez pas fâchée; vous y trouverez un être femelle d'une conformation singulière, et auquel la nature a fait don du plus bel ornement de l'homme : vous y verrez une jeune fille qui porte une barbe longue, noire, et épaisse comme celle d'un capucin. Il n'y a pas de supercherie là-dedans, je l'ai examinée, même *de très-près*. Cette fille n'a pas encore trente ans; ses yeux chassieux sont ombragés par une paire de sourcils extrêmement touffus et noirs. Figurez-vous ce visage si richement décoré, sous un turban blanc, mais bien sale, deux mammelles énormes qui con-

trastent singulièrement avec sa barbe
noire, les bras, les pieds, la nuque,
tout-à-fait velus, et certes, cette figure ne
vous paraîtra pas trop séduisante. Sans la
gorge formidable qui la distingue, et sa
voix criarde, on ne croirait jamais se
trouver avec une femme. Celui qui la
montrait la disait native de Norwège,
cinq cents milles derrière Bergen. Je
me donnai pour Danois, et lui parlai
sa langue natale; ce qui embarassa
fort la pauvre enfant à la longue barbe.
« J'ai été amenée en France à l'âge de trois
« ans », me répondit-elle avec l'accent
ordinaire des Parisiens.

Eloignons-nous de cet objet, chez lequel la bizarrerie de la nature a joué un
vilain tour à la beauté du sexe; promenons-nous plutôt un peu par-ci par-là,
pour jeter un regard fugitif sur les divers
objets de l'industrie et du luxe. Nous
trouverons souvent les choses les plus
hétérogènes les unes à côté des autres.
Ici l'on vous offre un panier rempli de
petits chiens de toute espèce; là, est une

petite boutique ambulante, sur laquelle sont étalés différens petits meubles fort jolis et d'un usage habituel ; tout cela se vend dix-huit sous la pièce : dans cette autre, tout se vend vingt-cinq sous. Vous y trouverez en effet des objets que vous n'imagineriez pas que l'on puisse vendre à un prix aussi modique. A côté, vous voyez, sur un drap étendu, un énorme tas de brochures de toute espèce : « Achetez, messieurs, crie le « marchand, à six sous la pièce ». Un autre qui lui porte envie, et qui cherche à lui enlever ses chalands, crie son tas semblable à quatre sous la pièce. En effet, ce ne sont pour la plupart que des romans insipides et incomplets ; mais j'y ai souvent trouvé de bonnes choses, par exemple, des tomes séparés *des Lettres de madame de Sévigné*, etc. Si l'on voulait prendre le temps et la peine de fouiller jusqu'au fond du tas, on pourrait, pour quelques livres d'argent, ramasser une collection assez intéressante. Plus commodément exposés, mais

plus chers aussi (quoique encore à très-
bas prix), vous voyez de vieux livres
sur le parapet du Pont-Neuf et sur plu-
sieurs quais : on y trouve souvent les
ouvrages les plus précieux, complets,
très-bien conditionnés, et à des prix
très-modiques.

Je m'aperçois que ce magasin superbe
d'orfévrerie attire vos regards : vous avez
raison ; vous ne trouverez, ni à Aus-
bourg ni à Vienne, de plus beaux ou-
vrages en ce genre. Ce n'est qu'à Péters-
bourg, dans la fabrique du conseiller
d'état Buch, que j'ai vu des chefs-d'œuvre
qui pourraient entrer en comparaison
avec ceux-ci. C'est réellement avec peine
que l'on passe là sans rien acheter ; en
voyant tant de belles choses, on est pres-
que tenté d'envier le sort des riches. N'y
remarquez-vous rien qui soit propre à
caractériser le moment dans lequel nous
vivons ? Cette fenêtre, garnie du haut
en bas de *ciboires*, n'est-elle pas une
preuve que cette marchandise a un grand
débit actuellement ? Enfin, qui a gagné

au bouleversement momentané de la reli-
gion ? Personne que les orfévres (1).

· Voyez vous cet homme qui expose une
grande quantité d'animaux empaillés!
il a réellement atteint le plus haut degré
de son art; là, tout semble vivre et se
mouvoir. Vous tendez la main pour arra-
cher à ce renard la poule qu'il emporte
dans sa gueule ; vous souffrez de voir
ce milan qui a enfoncé ses serres dans le
corps de cette jolie grive ; vous vous
arrêtez avec plaisir devant cette cabane
de serins de Canarie, pour voir com-
ment la femelle donne à manger à ses
petits. Vous souriez à ce beau barbet,
qui porte une lanterne dans sa gueule;
vous diriez qu'il s'arrête pour attendre
son maître, qu'il éclaire. Une grande

______

(1) Il n'est permis qu'à un étranger qui n'est pas venu
en France depuis treize ans, d'ignorer ou de feindre d'igno-
rer les heureux effets du rétablissement de la religion,
soit sous le rapport de la politique, soit sous celui de la mo-
rale ; mais je suis certain qu'il est bien peu de Français qui
ne conservent dans leur ame un sentiment de reconnais-
sance pour les auteurs de ce bienfait , et qui ne haussent
les épaules en lisant la plate épigramme de M'. Kotzebue.

foule d'oiseaux séparés décore le fond
de la boutique. Cet art joli offre à celui
qui possédait un chien fidèle, un oiseau
chéri, ou quelque autre animal auquel
il était attaché, la consolation d'en jouir
encore, en quelque sorte, après l'avoir
perdu : pour une bagatelle on lui con-
serve cette enveloppe mensongère. En
effet, le prix de ces objets d'art est très-
modique; l'empaillage d'un petit oiseau,
par exemple, ne coûte que trois livres
(dix-huit gros) quand on fournit l'oi-
seau, autrement on paie quelque chose
de plus, selon la rareté de l'animal.

Entrons dans ce beau magasin de
meubles, où le bon goût se trouve réuni
à tout ce que le luxe peut offrir de plus
brillant et de plus riche. Visitons ce
magasin de porcelaines, où l'or et les
couleurs les plus vives brillent sur ces
vases transparens, qui forment les grou-
pes les plus variés.

N'écoutez pas cette femme qui vou-
drait vous persuader qu'en prenant son
dernier billet de vingt-quatre sous vous

gagnerez demain 75,000 liv. à la loterie;
et terminons notre tournée par une pro-
menade sur le quai de l'Ecole.

Passons ces cafés, ces restaurateurs,
quelque engageantes que soient les ins-
criptions qui se lisent en gros caractères
sur les portes vitrées et les fenêtres:
*Déjeûners chauds et froids, à la four-
chette; rhum, rack, punch, fromages
glacés, café à la créme, chocolat, etc.,*
rien de tout cela ne nous tente : prenons
ce chemin-là, et remontons le cours de
la Seine. Voyez à gauche ces belles mai-
sons, où une boutique touche l'autre,
où les marchandises de toutes les parties
du monde sont exposées avec profusion.
Quel bizarre assemblage ! des hommes
bien et mal vêtus, des voitures élégantes,
des fiacres, d'énormes charrettes qui
accrochent en passant un cabriolet léger,
et le culbutent, etc. Jetez un regard à
droite, sur la rivière, toutes les blanchis-
seuses de l'univers semblent s'être donné
rendez-vous ici ; vous les voyez ran-
gées des deux côtés sur de longs bateaux

ouverts, battre impitoyablement les pièces de linge, qu'elles entassent après en grands monceaux. Comme elles lèvent en l'air leurs bras charnus! comme elles battent! et malgré cela on n'entend que très-peu leurs coups de massue, parce que la douce éloquence de leurs lèvres en amortit le bruit.

Ce qui manque peut-être en beauté à ces groupes, est remplacé par les différens bains que l'on voit de tous les côtés sur la Seine, et parmi lesquels ceux de Vigier se distinguent particulièrement. Cependant leur arrangement intérieur ne surpasse, ni en élégance ni en ordre, celui du bain-flottant que l'on voit à Berlin; au contraire, je lui préfère celui-ci. Les bains de Paris sont imposans par leur grandeur; quelques-uns sur-tout présentent un coup-d'œil charmant; car dans la belle saison on les entoure de fleurs et de jolis arbustes, pour leur donner une fraîcheur agréable et suave. —Montons un moment sur le nouveau pont, nommé le *Pont-des-Arts*. Le

plancher en est uni comme celui d'une
chambre, et comme il est destiné exclu-
sivement au plaisir et à la commo-
dité des piétons, le beau monde y
trouvera au printemps et à l'automne
une des plus belles promenades de
Paris. Un autre avantage est celui-ci:
comme il faut payer un sou pour y
passer, on est sûr de n'être pas molesté
par les mendians tout le temps qu'on
y reste, et l'on peut y rester tant que
l'on veut.

Par-tout la Seine offre le beau spec-
tacle de l'activité et de l'industrie. Ici,
elle fait aller des moulins pour préparer
aux habitans leur nourriture principale;
là, elle amène des bateaux de charbon;
plus bas, l'eau est filtrée à travers des
toiles, dans des tonneaux, pour procurer
aux Parisiens un breuvage pur et salu-
taire. Ces sacs de bled que vous voyez
entassés les uns sur les autres; ces barils
de vin, elle les a également amenés sur
ses ondes.

Quelle est cette place? — Hélas! c'est

la place de Grève (1), où autrefois le coupable seul expiait son crime, mais où, pendant la terreur, on a vu couler le sang de tant de victimes inncentes et courageuses. Voilà l'endroit où la guillotine fut long-temps en permanence. Là, au coin, cette lanterne formidable où périrent Foulon et beaucoup d'autres. Vous frémissez! Quittons ce lieu fatal, il nous retrace des souvenirs trop douloureux.... Eloignons-nous, et allons chercher ailleurs des tableaux rians, sur lesquels notre imagination, agitée par ces sombres objets, puisse se reposer doucement.

LETTRE TROISIÉME.

CHÉRE AMIE ! je vous ai parlé autrefois d'un portrait de Jésus-Christ, que l'on achetait sur les boulevards, pour un sou. Je veux vous faire connaître aujourd'hui une spéculation plus considérable. Vous trouverez sur ces mêmes boulevards une espèce d'affiche ornée

---

(1) Maintenant place de l'hôtel de ville.

de vignettes d'un genre très-commun
mais qui n'annonce rien moins que la
vic et les mœurs des nations de l'Eu-
rope. Je croyais ne pouvoir connaître
les mœurs des nations de l'Europe qu'en
faisant de nombreuses recherches dans
plusieurs *in-folio* , mais le titre de
cette affiche excita ma curiosité, et j'eus
beaucoup de plaisir à lire la quintes-
cence des jugemens des Français et des
préjugés qu'ils ont , tant sur leur propre
compte que sur celui de leurs voisins (1).

Maintenant, s'il vous plaît, allons plus
loin, voir cette bibliothèque suspendue

___

(1) On conviendra que ce n'est pas dans un écrit de
cette nature qu'un véritable observateur devrait cher-
cher les jugemens des Français, et ce qu'il appelle leurs
préjugés ; au reste, nous ferons grace à nos lecteurs de
ce recueil de jugemens portés sur les Allemands, les
Anglais, les Français, les Italiens et les Espagnols,
comparés les uns aux autres sous tous les rapports pos-
sibles, tels que ceux-ci (il s'agit de la foi) : « L'Alle-
« mand est fidèle, l'Anglais sûr, le Français léger, l'Ita-
« lien rusé, l'Espagnol trompeur ». On trouva pour deux
sous, sur les boulevards, cette feuille, que M. Kotzebue
s'est donné la peine de traduire, et qui occupe quatre
pages de l'original.

des fils ; près de là est une tapisserie
de musique, le long de laquelle on trouve
les ariettes nouvelles et les petits duo des
opéra français et italiens les plus connus.
On y voit aussi les gravures des objets
qui ont excité le plus d'attention dans
Paris; par exemple, Fanchon la vielleuse;
le beau tambour-major de la garde des
consuls, avec sa barbe noire et épaisse;
le Mameluck du premier consul, magni-
fiquement habillé; naturellement le pre-
mier consul lui-même, sous mille cos-
tumes différens : on le voit sur-tout repré-
senté l'épée à la main ; il replante la croix,
et la Foi lui présente une palme. A côté
de lui, les deux autres consuls. On y voit
aussi la belle madame Récamier, le vi-
sage à demi-voilé. On y trouve égale-
ment une foule de caricatures dans les-
quelles le roi d'Angleterre est l'objet des
sarcasmes des Français ; au reste on
le leur rend bien de l'autre côté du ca-
nal, et non-seulement avec plus d'abon-
dance, mais aussi plus spirituellement ;
car, il faut l'avouer, sur vingt carica-

tures françaises, à peine y en a-t-il une qui soit spirituelle (1). Ici l'on voit le roi entre son bon et son mauvais génie; il se jette entre les bras du mauvais. Ailleurs, un Anglais est à cheval sur un coq-d'inde; à la selle sont attachés des paniers remplis de bouteilles de vin, avec cette inscription : *l'attaque*. Le pendant de cette caricature est *la défaite*, où le même Anglais est représenté se sauvant à cheval sur un cerf, et perdant son chapeau et sa pipe. Ici, c'est le duc de Cambridge qui part en poste en fouettant lui-même ses chevaux, et ayant derrière sa voiture un tonneau avec cette inscription : *Sang hanovrien*. Ailleurs, c'est une armée de grenouilles, dont le général-grenouille,

---

(1) Les Français avaient passé jusqu'à présent pour la nation la plus spirituelle; mais, après des siècles, voilà M. Kotzebue, la verge à la main, qui arrive, critique, frappe à tort et à travers, par-tout et sur tout, s'imagine détruire en un moment, cette réputation *usurpée*, et prétend nous forcer peut-être, pour devenir spirituels, à étudier, ou même à imiter, les plaisanteries fastidieuses et les plates facéties dont fourmillent ses ouvrages.

en uniforme anglais, est à cheval sur une écrevisse, pendant qu'un Français prend les grenouilles l'une après l'autre, et les coupe en deux avec son grand sabre. Ailleurs, un éléphant prend avec sa trompe le vase du roi, le jette dans un puits, où l'on peut lire ces mots : *Tu sauteras à la fin.* Une autre fois, Pitt va se promener à cheval avec le roi sur le rivage, et regarde les vaisseaux français qui arrivent. Dans un autre endroit, le roi saute par-dessus le canal, et perd sa couronne en sautant; ou bien il tient à la main beaucoup de papiers où sont écrits les noms des pays qu'il gouverne; comme ces papiers ne peuvent tenir tous dans sa main, il en perd quelques-uns. Déja le Hanovre est par terre, l'Irlande est près de tomber, et Malte va lui échapper. Ici les Anglais prennent la fuite devant un nuage de poussière qu'a fait enlever un troupeau de moutons. Là, Pitt exerce ses troupes, qui sont approvisionnées de têtes de sangliers.... Une des caricatures les

plus spirituelles pourrait être celle-ci :
Un bandagiste présente au roi un nou-
veau bandage sur lequel est écrit : *Ob-
servation des traités;* aux pieds du roi
sont deux autres bandages déchirés ou
rompus, avec l'inscription *Forces na-
vales* sur l'un, et *Levée en masse* sur
l'autre (1). Vous voyez qu'ici tout se
rapporte à la politique; il n'y a que quel-
ques-unes de ces caricatures qui aient
rapport aux usages des Anglais.

Il est clair, d'après tout cela, qu'on ne
met point en doute la réussite de la des-
cente en Angleterre, et si vous ne vou-
lez pas croire le marchand d'estampes,
écoutez cet homme qui, entouré de cent
auditeurs attentifs, chante des couplets
dans lesquels il décrit, dans toutes ses
circonstances, ce qui doit arriver à la des-

____

(1) M. Kotzebue nous donne ici une preuve incontes-
table de la finesse de son tact et de son étonnante sagacité;
cette caricature qui lui paraît la plus spirituelle est à-
peu-près inintelligible, elle est au moins regardée comme
une des moins signifiantes. Est-ce encore là une preuve
de peu de goût ou de notre ignorance? je laisse au
lecteur à décider.

cente future. Ecoutez si vous le voulez
ses prophéties ampoulées (1); moi, je
passe la grille et j'entre dans la cour de
ce statuaire, qui est remplie de bustes
et de statues en marbre, en pierre bon-
nes ou mauvaises, mêlées ensemble, et
en si grand nombre, qu'à peine reste-t-il
un passage étroit pour arriver au loge-
ment de l'artiste. Je n'ai pas même honte
de m'arrêter devant cette boutique de
joujoux d'enfans, où Fanchon la viel-
leuse joue encore un des principaux
rôles, et où je vois avec étonnement que
les Français qui s'amusent si volontiers,
sont restés bien en arrière des Nurem-
bergeois pour l'invention et la fabrication
de ces joujoux d'enfans (2), tandis que
ces derniers seront peut-être bientôt sur-
passés par les Berlinois.

---

(1) Prenez-y garde, M. Kotzebue, vous montrez
furieusement le bout de l'oreille ; toutes les fois que vous
parlez du projet de descente des Français, il n'y a pas
une de vos épithètes qui ne soit ou un pronostic fâcheux
ou une grossièreté. Peut-être est-ce là de l'esprit? en ce
cas félicitons-nous de n'en point avoir.

(2) Encore une preuve de goût.

Si vous êtes fatiguée maintenant des criailleries de votre chanteur, entrons en passant dans le jardin des Capucines, où l'on peut voir des tigres et des singes; où Franconi fait, sur ses chevaux, des tours de force à se rompre le cou, où l'on voit le soir des esprits, et où l'on peut, en un mot, se procurer à chaque instant du jour, la vue de mille curiosités différentes. C'est là que dans une baraque mobile, couverte de vieux morceaux de tapisserie, mon cher polichinelle se bat avec le diable. Deux escamoteurs sont placés de chaque côté; l'un fait des tours de gobelets, l'autre des tours de cartes. Mais quelle foule n'attire pas cet homme, qui n'a d'autre appareil qu'un réchaud rempli de charbons ardens, et environ une douzaine de petits morceaux d'amiante attachés après un fil de fer. Il commence par vous raconter avec emphase l'expédition d'Egypte; il vous fait part des exploits de l'armée (auxquels il a eu grande part) contre les Mamelucks et les crocodiles; il vous

raconte comme quoi en prenant la che-
mise d'un homme qui avait été tué, il
s'est aperçu qu'elle n'était pas de toile
ordinaire, mais de pierre filée; que les
Égyptiens s'en servent parce que cela
est plus commode; car, de cette façon,
ils n'ont pas besoin de laver et de faire
sécher leurs chemises; mais le soir ils
les jettent dans le feu, et les en retirent
le lendemain, blanches comme de la
neige. Ensuite, pour convaincre les
spectateurs de la vérité de ce qu'il vient
de dire, il salit dans de la boue un de
ses échantillons d'amiante, jusqu'à ce
qu'on ne voie plus rien de blanc; alors
il le jette dans son réchaud, continue
à parler aux spectateurs, et le retire tout
blanc quelques minutes après, au grand
étonnement de ceux qui l'environnent.
Un de mes voisins, qui ne manque
pas d'esprit, comparait un jour tout
ce procédé avec la révolution française.
« Oui, disait-il, la France a d'abord
« été traînée dans la boue, comme ce
« petit morceau d'amiante; elle est en-

« suite sortie du feu plus pure et plus
« brillante ». Quant à la première partie
de la comparaison, elle n'est que trop
vraie, et je desire de tout mon cœur
que ce qui est relatif à la seconde soit
durable (1).

* * *

LETTRE QUATRIÈME.

La femme forte, qu'on peut voir et
admirer ici dans une petite cabane en
planches, est encore plus dégoûtante que
la fille qui a une longue barbe noire;
quand on voit cette dernière elle excite
la pitié, car ce n'est pas la faute de cette
pauvre fille si elle a de la barbe, et sur-
tout en aussi grande quantité : mais au

_____

(1) Non, monsieur, vous ne le desirez pas. L'homme
d'esprit dont il s'agit, et qui, modestement, a cru devoir
ici garder l'*incognito*, c'est vous, monsieur ; car on sait
que vous êtes fort sur l'article des comparaisons ; et vous
n'avez fait celle-ci que pour avoir l'occasion de dire du
mal d'un pays que vous n'aimez pas, et dans lequel vous
n'étiez venu que pour offrir aux peuples du nord les moyens
de rire à nos dépens ; mais prenez-y garde, les rieurs ne
resteront pas de votre côté.

sentiment pénible qu'excite la femme
forte, se mêle une espèce de déplaisir
et de dégoût ; l'une est ainsi conformée
par un accident, tandis que l'autre brave
la nature. Elle fait monter cinq hommes
sur sa poitrine, on y bat du fer, on y
fait d'autres tours de force semblables,
qui vous feront avec raison détourner la
vue. Je ne puis cependant pas me dis-
penser d'entrer avec vous dans une ba-
raque voisine pour y voir l'Espagnol
incombustible, qui réellement fait fris-
sonner de surprise. On fait bouillir de
l'huile dans un pot ; le jeune homme tire
le pot du feu, boit un trait de cette huile,
en conserve dans sa bouche comme nous
garderions de l'eau fraîche dans la nôtre,
la rejette ensuite, et avec l'huile qui
reste dans le pot, il se lave les mains,
les bras, le visage, et même les yeux
(qu'il ferme cependant) : après que,
comme l'amiante, il s'est purifié dans
le feu, il se promène pieds nus sur du
fer rouge, et pour se récréer il finit par
y poser la langue. Si ce malheureux

jeune homme est aussi insensible aux
feux de l'amour, il est doublement à
plaindre. Au reste, il n'y a point d'im-
posture là-dedans. Je ne déciderai pas
si, comme on le prétend, il se frotte,
sans qu'on le voie, d'un certain onguent
qui aurait la propriété de rendre insen-
sible à l'action du feu; mais ce que je
puis assurer, c'est qu'il fait réellement
tout ce que je viens de dire. — Pour
faire cesser toute impression désagréa-
ble, considérons un moment cette petite
forteresse établie sur le boulevard : c'est
une espèce de jeu de quilles, dont s'a-
musent non-seulement des enfans, mais
aussi des hommes d'un certain âge. En
effet, ce jeu a un grand avantage sur les
quilles, en ce qu'il faut beaucoup moins
de place pour y jouer, et qu'on peut
aisément le transporter d'un lieu dans
un autre. La petite forteresse est à-peu-
près de la hauteur d'un homme, et
construite en amphithéâtre; au bas est
un pont-levis, les remparts sont élevés
graduellement, et derrière ces remparts

il y a un certain nombre de soldats. A
huit ou dix pas du fort est placé un
mortier ou canon de bois, auquel est
adapté un ressort (comme aux fusils
d'enfant) par le moyen duquel on lance,
paraboliquement ou en ligne droite,
une boule ; la force du mortier est cal-
culée pour un éloignement de huit à
dix pas. La boule atteint la forteresse
toutes les fois qu'on tire le ressort du
mortier ou du canon ; l'art consiste à
viser de manière à faire tomber un ou
plusieurs soldats, ou bien à attraper le
milieu ; dans ce cas, le pont-levis se
baisse, et par le moyen d'un ressort in-
térieur, qui a été frappé par la boule,
il sort de la place un carrosse à six che-
vaux (dans d'autres il s'élève un dra-
peau blanc au-dessus de la forteresse),
la boule se perd dans l'intérieur, et finit
par tomber à terre. On conçoit qu'outre
tous les avantages déja mentionnés, ce
jeu peut en avoir beaucoup d'autres sur
celui des quilles : on peut le placer dans
le plus petit jardin, et même dans une

chambre un peu spacieuse. Il faut peu
de force pour y jouer, les dames peuvent
par conséquent en partager le plaisir; il
est intéressant parce qu'il faut un certain
exercice, et même de l'adresse pour
atteindre le but; en un mot, je crois avoir
fourni, par la description de ce jeu, une
addition agréable aux jeux gymnasti-
ques. Je me souviens en outre qu'on re-
gardait avec plus de plaisir la ligne para-
bolique décrite par la boule sortant du
mortier, que la ligne droite de la boule sor-
tant du canon.—Comme la bienséance ne
nous permet pas, chère amie, de prendre
part à ce jeu sur le boulevard, allons voir
un moment ces petits serins de Canarie,
que l'on exerce à toutes sortes de tours
contre leur nature; l'un tourne la broche,
l'autre, attelé à une brouette, conduit
ses camarades; un troisième est en faction
avec un fusil, un sabre et un bonnet de
grenadier; un autre ne bouge pas de
l'épaule de son maître, quoique celui-ci
batte le tambour pour le faire sauver;
un autre tire le canon, qui fait tomber

comme mort un de ces oiseaux ; enfin le dernier est au milieu d'une roue de feu, et paraît aussi tranquille et aussi gai que s'il était sur un rosier dans son île enchantée. On a sans doute vu plusieurs fois de semblables oiseaux en Allemagne, mais jamais on n'en a pu voir qui fussent aussi bien stylés. Sans doute vous ne connaissez pas une observation échappée au maître de ces oiseaux, et qui peut fournir matière à réflexion. « Les femelles, dit-il, appren-« nent beaucoup plus promptement que « les mâles, elles sont instruites ordinai-« rement au bout de quelques semaines; « mais elles oublient bien vite, et ne vivent « pas long-temps ». Je crois qu'en cela les oiseaux ont quelque analogie avec le genre humain; car si les belles veulent connaître les hautes sciences, à la vérité elles n'en meurent pas, mais bientôt elles cessent d'être aimables (1).

____

(1) Il faut être étrangement tourmenté par la manie des comparaisons pour en trouver ici la matière; aussi celle-là est-elle tout-à-fait piquante : le pauvre homme !

Comme il nous reste encore une petite demi-heure, employons ce temps à visiter deux célèbres fontaines. Celle de la rue de Grenelle est effectivement assez belle, mais la rue est étroite et embarrassée, la fontaine n'est pas dégagée de tous les côtés ; le massif est défiguré par des enseignes qui y sont suspendues. A droite on a barbouillé une vache, parce que là on vend du lait ; à gauche est l'enseigne d'un menuisier. Il me paraîtra toujours ridicule (1) (pardonnez le moi, je vous prie,) de voir cous-

(a) Ainsi le fameux Turgot, qui fit élever cette fontaine magnifique en 1739 ; le célèbre Bouchardon, qui en a donné les dessins, et qui en a lui-même exécuté les statues, les bas-reliefs et les ornemens ; les Français et les étrangers qui l'ont regardée pendant soixante ans comme un chef-d'œuvre, ne sont que des ignorans, des imbécilles, et des hommes sans goût. Rendons grace au ciel de ce qu'il a dirigé M. Kotzebue vers la France ; car, sans lui, sans son *ingénieuse* découverte, on aurait admiré peut-être encore pendant plusieurs siècles ce monument *inutile et ridicule !* et quelle honte pour les connaisseurs ! Vive M. Kotzebue ! il n'y avait peut-être que lui dans le monde qui fût capable de penser et d'imprimer de pareilles choses.

truire un bâtiment de trois étages, orné de colonnes et de statues, et tout cela à cause de deux petites têtes de lion qui sont au bas, à quelques pieds au-dessus des fondations. Si l'on cherche ce monument, ce n'est pas parce qu'il en sort de l'eau, mais parce qu'il faut la pomper. L'inscription a été effacée en grande partie; il n'en reste plus que ces mots : ...*pour l'utilité des citoyens, et pour l'ornement de la ville.* — Il nous reste beaucoup de chemin à faire pour aller à l'autre fontaine, qui est sur le marché des Innocens. Nous passerons lestement devant cette fameuse abbaye, que ses quatre petites tourelles nous feront aisément reconnaître : dans l'intérieur de la cour, les fenêtres sont construites d'une façon particulière; le cruel inventeur les a fait arranger de manière que le malheureux prisonnier ne puisse rien voir, quoique un peu de jour y entre par en haut; de façon que ces fenêtres ressemblent à ces boîtes où l'on enferme des chenilles ou des hannetons, et dont

on entr'ouvre un peu la couverture pour
laisser un peu d'air à ces insectes (1).
Voilà la porte où tant de victimes ont
été immolées dans le temps de la ter-
reur; nous sommes sur l'emplacement
où des cannibales les attendaient pour
les déchirer; voilà le ruisseau où a coulé
le sang humain, et qui reçoit mainte-
nant les eaux de la pluie. Ce lieu est
horrible; je n'accepterais.pas un palais
qu'on me donnerait aux environs, quoi-
que la nouvelle inscription de cet édifice
indique que c'est maintenant une maison
d'arrêt militaire.

Nous voici enfin arrivés au marché
des Innocens. La fontaine peut être
belle quand elle donne de l'eau; mais
elle est encore en plus mauvais état que
celle de la rue de Grenelle; car elle est
totalement à sec. Un grand bassin, qui
se trouve assez élevé, ressemble tout-à-
fait à une table à thé, et contraste singu-
lièrement avec ce qui l'environne; en

---

(1) Que cela est délicat, spirituel, et sur-tout bien
trouvé !

outre ce monument est dégradé, et fort mal entretenu. Puisque nous avons été trompés dans notre attente (1), tâchons de nous en dédommager en jetant un coup-d'œil sur le marché même, qui, par sa grandeur et par le mouvement continuel qui s'y fait, est bien plus in-téressant (2) qu'un monument inutile

(1) Quoique plusieurs historiens fassent remonter l'exis-tence de cette fontaine au-delà du douzième siècle, nous nous arrêterons à l'opinion la plus accréditée, et nous ne partirons que de l'époque où elle est devenue fameuse. Elle fut bâtie, en 1550, par les soins et d'après les dessins de Jean Gougeon, l'un des premiers et des plus habiles sculpteurs que la France ait eus; il n'y a rien à Paris qui surpasse ce morceau, sur-tout pour la grace, l'élégance des contours, et la légèreté des figures : il suffirait seul pour illustrer une ville, du moins nous l'avons cru jusqu'à présent; mais M. Kotzebue nous apprend que nous sommes, à cet égard, dans la même erreur que pour la fontaine de Grenelle. Aussi j'espère qu'au lieu de restaurer ce beau monument (comme on a la bonté de le faire), on voudra bien au contraire donner au plutôt des ordres pour le détruire, afin que la vue de notre illustre voyageur ne soit plus offusquée à l'avenir par ce triste amas de pierres qui le gêne, et l'empêche de jouir à son aise du magnifique coup-d'œil des parapluies rouges de nos marchandes de pommes.

(2) Preuve de goût !

d'architecture. Là vous trouverez de longues allées où sont ces grosses femmes appelées *poissardes;* elles sont assises sous de grands parapluies de huit à dix pieds de diamètre, qui, lorsqu'on les considère de haut en bas, ont l'air d'un toit, et ressemblent assez à un corps de soldats romains lorsqu'ils attaquaient en faisant la manœuvre qu'on appelait de la *tortue,* et dans laquelle ils tenaient leurs boucliers au-dessus de leurs têtes (1). Ces parapluies n'appartiennent pas à ces femmes; elles les louent moyennant quelques sous (je ne sais pour le compte de qui). Arrétons-nous ici à l'abri de la pluie et du soleil; considérons ces magasins de poissons, d'œufs, de beurre; ces pyramides de poires, de

____

(1) Bon! voilà nos poissardes transformées en soldats romains. Pour punir ce radoteur de l'humeur qu'il me donne, je voudrais qu'il se trouvât quelque jour au milieu de la halle, et qu'il y fit part de ses remarques à celles qui en sont l'objet; le moins qu'il pourrait lui en arriver, pour les avoir comparées à la tortue, serait d'être dévisagé par ces vigoureuses commères, qui n'entendent pas raillerie sur l'honneur du corps : le beau drame à faire!

pommes, de raisin, et de toutes sortes
de fruits ; cet assemblage bigarré de
toutes sortes de légumes, tenus avec la
plus grande propreté : écoutez un mo-
ment le jargon énergique de ces femmes ;
et si la vue de ces comestibles vous a
donné quelque appétit, montons vite en
fiacre, et allons chez le restaurateur (1).

____

(1) Vivat ! c'est là qu'il est un héros. Puisque M. Kot-
zebue est chez le restaurateur, c'est ici le cas de raconter
à mes lecteurs une petite aventure qui lui est arrivée chez
les Frères Provençaux, et dont il se souvient parfaite-
ment sans doute, quoiqu'il n'ait pas jugé à propos de
la faire figurer dans ses *Souvenirs*.

Si ce qu'on va lire sur cet homme *célèbre* ne m'avait
pas été confirmé par tous les Allemands qui le connaissent
directement ou de réputation, si je n'avais déja vu les
mêmes choses consignées dans les *Mémoires secrets
sur la Russie*, j'aurais eu quelque scrupule de publier
la mystification qu'il a essuyée ; mais après avoir lu les
jugemens que ses compatriotes portent sur sa personne
et ses écrits, après avoir lu sur-tout ses ouvrages sur la
France, on n'est peut-être disposé à l'indulgence, et l'on
doit, sans craindre le blâme, rendre public tout ce qui
est propre à déciller les yeux de quelques-uns de ses par-
tisans, encore aveuglés par les larmes que leur a fait ré-
pandre son drame immoral, *Misanthropie et Repentir*.

Je vais donc transcrire cette anecdote telle qu'on me
l'a adressée.

Un Dîner au Palais-Royal (1).

« Monsieur,

« Je sais que vous vous occupez en ce
« moment de la traduction des *Souve-*
« *nirs de Paris, en* 1804, par Kotzebue.
« Comme on m'a assuré que vous y
« ajoutiez des notes, je vous envoie cette
« lettre, un peu longue peut-être, mais
« dont vous ferez tel usage qu'il vous
« plaira, pour vous instruire d'une anec-
« dote assez plaisante, dans laquelle j'ai
« figuré comme témoin oculaire et auri-
« culaire, et qui m'a beaucoup fait rire
« aux dépens du dramaturge allemand.

« J'étais à dîner chez les Frères Pro-
« vençaux, près le passage du Perron, au
« Palais-Royal; je mangeais, et avec dé-
« lice, du riz au safran que j'aime
« beaucoup, et qu'on y fait infiniment
« meilleur que nulle autre part. Près de

_____

(1) Épisode communiqué.

« moi se trouvaient deux jeunes gens,
« l'un militaire, et l'autre, autant que je
« puis croire, commis voyageur d'une
« grosse maison de commerce. C'étaient
« deux amis, qui me parurent être liés
« dès l'enfance, et qui probablement ne
« s'étaient pas vus depuis long-temps,
« car l'un racontait ses campagnes à
« l'autre, qui lui récitait en retour ses
« exploits amoureux, ses aventures
« joyeuses, et ses voyages. Je prêtais
« doucement l'oreille à cette amusante
« conversation, lorsqu'au bout de quel-
« ques minutes la porte du salon s'ouvrit,
« et me laissa voir un homme de cin-
« quante ans environ, assez grand, bien
« vêtu, et portant une décoration étran-
« gère ; lequel, après avoir jeté un regard
« dédaigneux et protecteur sur ceux qui
« se trouvaient là, vint s'asseoir à une
« table peu éloignée de moi, et positive-
« ment en face de celui des jeunes gens
« que je présumais être un commis voya-
« geur.

« Le ton impératif et hautain avec le-

« quel il parlait aux garçons, et le son
« de cette même voix qui se fit entendre
« douze à quinze fois pour demander les
« mets les plus succulens et les plus re-
« cherchés, ce qui faisait présumer un
« gourmand intrépide et connaisseur,
« attirèrent sur lui l'attention de l'as-
« semblée. Tout-à-coup mon jeune com-
« merçant pousse un cri de surprise, et
« dit à son ami : Eugène, veux-tu voir
« un mauvais sujet qui, avec fort peu
« de talent, est parvenu, à force de flat-
« teries, d'intrigues, et de bassesses, à
« faire parler de lui, et à se faire passer,
« aux yeux des sots, pour un homme
« d'importance?— J'ai vu tant de gens
« réussir par les mêmes moyens, qu'il
« me semble bien difficile d'en distin-
« guer un dans la foule; mais qu'im-
« porte, je le veux bien. Où est-il ? —
« Derrière toi; regarde un peu à gau-
« che..... Comment, tu ne vois pas cet
« homme seul à une table, qui mange
« comme un glouton, et dont la figure
« pourrait servir de modèle parfait à

« l'orgueil personnifié? — Ah! je le vois,
« mais je ne le connais pas.—C'est Kot-
« zebue.—Quoi! l'auteur de *Misanthro-*
« *pie et Repentir?* —Et de beaucoup
« d'autres soi-disant chefs-d'œuvre qui
« valent beaucoup moins encore, quoi-
« que celui-là ne vaille pas grand'chose.
« — Que vient-il faire ici ? — Observer
« nos usages, nos mœurs, du moins à
« ce qu'il dit; mais effectivement pour
« suivre nos théâtres et critiquer nos
« pièces, dans lesquelles il vient puiser
« sans façon les meilleures scènes, qu'il
« donnera comme siennes à l'Allema-
« gne, qui s'étonne et gémit chaque jour
« de sa malheureuse fécondité.—Ah ça,
« dis-moi, jouit-il de quelque considéra-
« tion dans son pays? — D'aucune. On
« le regarde comme un homme immo-
« ral, un bas flatteur. Oh vraiment! j'en
« sais de belles sur son compte! Les re-
« lations commerciales de notre maison
« m'ont obligé à faire de fréquens voya-
« ges dans le nord; je suis allé sou-
« vent à Saint-Pétersbourg, à Berlin, à

« Vienne, à Hambourg, à Moscow, à
« Weimar, à Revel, enfin dans pres-
« que toutes les villes qui ont été le thé-
« âtre des succès et des chutes de ce
« grand homme. — Conte-moi donc
« tout cela, je t'en prie. — J'y consens.

« Kotzebue est né à Hambourg. Ses
« premières années se sont passées dans
« l'obscurité la plus parfaite. Il vint en
« Russie en 1780, et y entra au service
« du général Baur; mais il n'y resta pas
« long-temps : j'ignore pour quel motif.
« En 1782, il vint à Revel, en Esthonie,
« dans l'espérance d'y obtenir une place
« de juge; il érigea, en attendant, un
« théâtre d'amateurs, pour l'établisse-
« ment duquel il engagea un grand
« nombre d'abonnés. Le produit devait
« être pour les pauvres; M. Kotzebue
« était sans emploi, et on l'accusa par
« la suite de s'être habilement appliqué
« le proverbe vulgaire : *Charité bien or-*
« *donnée commence par soi-même.* Le
« proverbe ne dit pas qu'elle doive finir
« là, et c'est cependant l'extension que

« M. Kotzebue lui donna, puisqu'on lu
« reproche de s'être approprié la recette
« entière.

« Cet établissement excita d'ailleurs de
« grands mécontentemens, et lui fit beau-
« coup d'ennemis, sur-tout parmi les
« pères de famille amis des mœurs,
« parce qu'alors à Revel, comme à Ge-
« nève, un théâtre était encore un objet
« de scandale. On s'indignait sur-tout
« de voir la jeune noblesse monter sur
« les treteaux, et se corrompre par les
« leçons que lui donnait notre nouveau
« Thespis. En cela, les bons gentils-
« hommes esthoniens n'avaient pas tort ;
« car M. Kotzebue profita des liaisons
« que cette entreprise lui facilitait, pour
« s'insinuer dans les bonnes graces de
« mademoiselle d'Esse, fille du com-
« mandant de la place. Cet homme,
« fier de sa naissance, et méprisant le
« directeur de comédie, lui refusa sa
« fille ; elle se déclara enceinte, et il la
« chassa durement de la maison pater-
« nelle. M. Kotzebue l'épousa, la rendit

« très-malheureuse, et l'emmena en Al-
« lemagne, où elle tomba malade. Son
« mari, ne pouvant, disait-il, supporter
« le spectacle de sa douleur et de son
« agonie, l'abandonna, et la laissa mou-
« rir. C'est pour justifier cette preuve de
« sensibilité et de tendresse conjugale
« qu'il écrivit sa *Fuite à Paris*. Il vint
« dans cette grande ville, se consoler de
« la mort de sa femme avec les filles du
« Palais-Royal.—Oh, le vilain homme!
« —Tu n'es pas au bout.

« Après avoir ainsi perdu sa première
« épouse, et fait une absence de plus
« d'un an, il eut, malgré les clameurs,
« le courage de revenir à Revel, et d'y
« continuer sa carrière théâtrale, en dépit
« des pères de famille. Plusieurs écrits
« qui parurent alors, et notamment les
« *Lettres Provinciales* de Jannau, at-
« testent combien il était décrié dans le
« pays. Cependant il parvint, par la pro-
« tection d'un baron de Rosen, au poste
« de président de cette ville. C'est-là
« l'origine de ce titre, dont cet homme,

« semblable à la grenouille de la fable,
« s'est enflé si long-temps et si plaisam-
« ment aux yeux de l'Allemagne; mais
« sa démission n'eut pas pour motif,
« comme il le dit dans *l'Année mémo-
« rable*, le mauvais état de sa santé, car
« on peut fort bien être maladif, et en
« même - temps président du tribunal
« civil de Revel. Deux raisons plus puis-
« santes, lui firent perdre cette place.
« M. le président, comme je te l'ai dit,
« s'était fait beaucoup d'ennemis. La
« séduction, et plus encore l'abandon et
« la mort de sa femme, avaient indigné
« tout le monde (il doit se souvenir en-
« core des reproches et des affronts qu'il
« eut à endurer, et notamment de l'apo-
« strophe publique de l'honnête Milius à
« Leipsick); mais il mit le comble au
« scandale de sa vie par une conduite
« criminelle en tout pays et sous tous les
« gouvernemens, par la séduction et le
« rapt de la femme d'un homme esti-
« mable et considéré, qui était déja
« mère de trois enfans. Ce fut encore

6.

« une dame d'Esse qui donna à l'Estho-
« nie le spectacle affreux et presque
« inouï dans ces contrées, d'une mère
« de famille abandonnant son époux et
« ses enfans pour suivre un méprisable
« histrion devenu président. Elle de-
« manda et obtint un divorce vraiment
« scandaleux, pour s'unir à un homme
« qui avait traité sa première femme
« avec une tendresse si dérisoire.

« Madame d'Esse, qui n'était plus
« jeune et qui n'avait jamais été jolie,
« vivait depuis huit ans heureuse et tran-
« quille avec son mari, lorsque notre
« petit Lovelace parvint à la séduire.
« Elle et son nouveau mari cherchèrent
« à se justifier aux yeux du public par
« l'excès d'un amour romanesque qu'ils
« affectaient, et que notre héros de cou-
« lisses jouait et joue encore dans son
« dernier ouvrage avec toute l'hypocrisie
« et la pesante fadeur dont il est capable.
« L'envie de s'approprier les biens de sa
« femme l'inspira d'abord. C'est dans
« ce dessein qu'il l'avilit au point de

« l'engager à s'accuser elle-même d'adul-
« tère, en déclarant que les trois enfans
« qu'elle avait eus durant son premier
« mariage étaient de M. Kotzebue, dont
« la première femme vivait encore à la
« naissance de l'aîné. — Quelle horreur!
« s'écrient à-la-fois toutes les personnes
« qui environnaient le conteur, et dont
« quelques-unes s'étaient levées pour
« mieux entendre. Or, jugez de la con-
« tenance que faisait M. Kotzebue pen-
« dant cette narration. Il pâlissait, rou-
« gissait, se mordait les lèvres, la lan-
« gue, que sais-je, moi? Enfin, je n'ai vu
« de ma vie une mystification plus com-
« plète et mieux méritée. Le jeune homme
« poursuit : L'autre raison qui força
« M. Kotzebue à déposer le mortier de
« président fut la publication de son
« livre intitulé *Bart au front d'airain*,
« titre plus convenable à l'auteur qu'à
« l'ouvrage. Dans cette production sale
« et honteuse, il rassemble plusieurs
« savans illustres de l'Allemagne dans
« un lieu de débauche, les enivre, et les

« fait raisonner comme il paraît penser
« lui-même, et d'une manière analogue
« au lieu où ils se trouvent. Quelques-
« uns de ces écrivains, connus et proté-
« gés par l'impératrice Catherine, s'a-
« dressèrent à cette princesse pour se
« plaindre. Ce fut la première fois qu'il
« fut question de M. Kotzebue à la cour
« de Russie.

« Ses ennemis profitèrent du moment
« pour rendre suspects ses sentimens
« politiques ; sa correspondance et ses
« ouvrages attirèrent l'attention de la
« police, et il ne tarda point à recevoir
« sa démission. Alors il se retira au
« village de Yewe en Esthonie, où il
« s'occupa à effacer les mauvaises im-
« pressions que sa conduite et ses écrits
« avaient laissées dans les esprits. C'est
« dans cette intention qu'il composa son
« *Lang-Hans*, détestable imitation de
« Candide, où il essaie de ridiculiser la
« France et la révolution, qui n'étaient
« rien moins que plaisantes alors.

« Il chercha dans le même temps à

« flatter M. Derjawine, secrétaire de
« l'impératrice, en traduisant en alle-
« mand ses vers russes, dont il vint
« lui faire hommage à Pétersbourg ; car
« ce grand homme a pour principe et
« pour règle invariable qu'il faut flatter,
« et toujours flatter, à tort et à travers,
« dès que cela peut rapporter quelque
« chose.

« Je me rappelle à cette occasion d'une
« fable qui lui fut adressée dans les pa-
« piers allemands, et qui prouve com-
« bien son caractère était connu ; la
« voici : elle n'est pas très-bonne, mais
« elle peint bien l'individu :

« Sur la cime d'un arbre un limaçon grimpé
« Fut par un aigle aperçu d'aventure ;
« Comment à ce haut poste, oubliant ta nature,
« As-tu pu t'élever ? dit l'oiseau. — J'ai rampé.

« Tu vois par ces faits notoires, et que
« je défie M. Kotzebue de réfuter, que
« pendant les dernières années du règne
« de Catherine, et au commencement
« de celui de Paul Ier, ce fameux auteur,
« cet homme sans pareil, a vécu loin de

« la cour, dans une petite ville, ou dans
« un village. Tu vois qu'il était parfaite-
« ment-inconnu en Russie, méprisé en
« Esthonie, et décrié en Allemagne, où
« on ne parlait de lui que comme d'un
« libelliste, d'un ravisseur et d'un ja-
« cobin. Je veux bien croire que c'est à
« tort qu'on lui donnait ce dernier titre;
« mais *cette légère teinte de jacobi-
« nisme*, comme il le dit lui-même dans
« ses Mémoires, n'était pas très-propre
« à le faire bien venir à Berlin, à Vienne,
« à Pétersbourg. — N'ai-je pas ouï dire
« que c'est pour cette raison qu'il fut
« exilé en Sibérie? — Oui; il fut accusé
« près de l'empereur de Russie d'avoir
« composé un libelle intitulé *L'Ours
« du Nord*, dans lequel ce monarque
« était traité de la manière la plus indé-
« cente. — Mais comment se tira-t-il
« de là? — Par une flatterie. Il composa
« une petite pièce intitulée *Le Cocher
« de Pierre III*. Cette flagornerie lui
« valut son rappel.

« — Le voilà jugé comme homme,

« maintenant, comme écrivain, qu'en
« pense t-on en Allemagne?—Ses nom-
« breuses contradictions, ses plagiats, ses
« rétractations fréquentes et honteuses,
« ses motifs intéressés sont trop connus,
« trop notoires, pour qu'il puisse y jouir
« de la moindre estime.—Ses plagiats,
« dis-tu? il est donc vrai qu'il nous em-
« prunte quelque chose? — Quelque
« chose! dis donc des pièces entières,
« dont il ne change que le titre. Il pré-
« tend qu'on défigure ses ouvrages en
« France, et qu'il ne les reconnaît pas :
« c'est un avantage que nous avons sur
« lui quand nous allons en Allemagne,
« car il ne prend pas la peine de dégui-
« ser ses vols. Exemples : *Edouard en
« Ecosse*, de Duval, qu'il a traduit sur
« un manuscrit que l'auteur lui avait
« confié, et qu'il a fait jouer sous
« son nom, apparemment parce qu'il y
« avait ajouté pour second titre : *la Nuit
« d'un Fugitif. Le Prisonnier*, dont il re-
« trancha le chant, et qu'il donna comme
« un drame de sa façon. C'est à cette

6*

« occasion que Schlegel lui adressa l'épi-
« gramme suivante :

> « Ce gentil prisonnier qu'en vain tu déguisais,
> « Laisse-le donc chanter, on voit qu'il est Français.

« *Le Duel impossible*, sous le titre
« du *Neveu mort; le Père d'occasion,*
« *le Château du Diable,* etc., car je t'en
« pourrais citer à ne plus finir. Tout ce
« que je puis te dire, c'est qu'il a trouvé
« le moyen de se faire un triple revenu
« aux dépens des auteurs français qu'il
« a l'impudence de critiquer et de met-
« tre au-dessous de lui. Il est à la piste
« de toutes les pièces qui réussissent
« à Paris, il les habille promptement à
« l'allemande, et les vend d'abord aux
« entrepreneurs de spectacles; six mois
« après, il les vend à l'imprimeur, et
« enfin pour la troisième fois, dans le
« recueil de ses Œuvres. Au reste, ce ne
« sont pas seulement les auteurs français
« qu'il met à contribution; il s'empare
« tout aussi lestement des scènes qui lui
« conviennent dans Iffland, Lessing,

« Goëthe, etc; en un mot, on peut dire
« qu'en général il n'y a de lui dans
« ses ouvrages que les flagorneries,
« les niaiseries, les mensonges, les
« injures, les personnalités et les calom-
« nies, dont ils sont remplis, et qu'il
« dirige alternativement contre tel ou tel
« individu, grand ou petit, faible ou
« puissant, selon que son intérêt le lui
« commande. — Voilà un portrait bien
« aimable ! — Il est de la plus parfaite
« ressemblance ; et tiens, depuis qu'il est
« à Paris, chacun s'est empressé de l'ac-
« cueillir, de le fêter ; on a la bonté de
« lui faire croire que nous le regardons
« comme un être digne de quelque im-
« portance ; enfin il n'a qu'à se louer de
« la France et des Français : hé bien, je
« parie qu'à son retour en Allemagne,
« il nous déchirera dans la relation de
« son voyage. — Cela n'est pas possible ;
« allons, tu exagères ! Cette conduite se-
« rait celle d'un homme sans foi, sans
« pudeur, d'un homme méprisable et
« vil. — Tu verras. — Oh alors, s'il

« s'avisait de revenir en France, il n'est
« pas un de nous qui ne fût prêt à venger
« la nation. — Des injures d'un homme
« semblable !..... Allons donc, il n'en
« vaut pas la peine; c'est le coup de
« pied de l'âne; d'ailleurs il n'osera pas
« s'y frotter, et je te garantis qu'on ne
« le reverra plus en ce pays ». Ici finit
« la conversation; les assistans s'étaient
« tournés vers M. Kotzebue, qui, ne pou-
« vant supporter plus long-temps leurs
« railleries amères, et n'ayant rien de
« bon à leur répondre, s'esquiva leste-
« ment, non sans recevoir une bordée de
« quolibets et de sarcasmes tous plus
« piquans les uns que les autres. »

Le jeune commis avait raison, et M. Kotzebue a com-
plètement justifié son opinion et sa prédiction. Mais je
ne m'étonne pas, d'après cette scène, que dans l'énu-
mération des fameux restaurateurs du Palais-Royal, il
n'ait pas dit un mot des *Frères Provençaux;* ce sou-
venir là n'était rien moins que plaisant pour lui.

CHAPITRE III.

Ma Présentation aux trois Consuls.

En venant à Paris, je brûlais de voir un héros le prodige de son siècle; quelques jours se passèrent sans que mon attente fût remplie. Enfin, un soir, au Théâtre-Français, la représentation fut interrompue par des applaudissemens universels, et je vis tous les regards se porter sur la loge de Bonaparte; j'étais malheureusement placé du même côté, en sorte qu'il m'était impossible de le voir; mais comme les sociétaires avaient eu la bonté de me permettre de circuler librement dans tout le théâtre, je courus à l'avant-scène pour me placer dans une coulisse en face de la loge du premier consul, afin de contempler à mon aise cet homme extraordinaire.

Pendant la représentation, il est

tranquille et sérieux, il paraît très-atten-
tif, ne parle à aucun des officiers qui
sont debout derrière lui, et ne donne
jamais le moindre signe d'approbation
ou d'improbation, fût-ce même par un
mouvement de tête. Le parterre l'ac-
cueille toujours à son entrée par des
applaudissemens unanimes et bruyans;
mais du reste, il ne s'en occupe plus
dans le cours de la représentation : cela
ne l'empêche pas de siffler ou de faire
tapage; et j'ai été témoin que la pré-
sence du chef de l'état ne l'a point em-
pêché d'user de tous ses droits, en ne
laissant pas finir la première représen-
tation d'une pièce nouvelle.

Bonaparte aime de préférence la
tragédie; il s'est prononcé envers moi-
même, et d'une manière assez gaie,
contre les drames, en y mettant toute-
fois cette restriction : « que tous les
« genres sont bons, hors le genre en-
« nuyeux ». Qu'on ne pense pas cepen-
dant qu'il soit l'ennemi de la comédie
ni du drame; je l'ai vu à la première

représentation d'une comédie ; il a même assisté à mes *Deux Frères*, un jour que cette pièce était jouée avec une tragédie à laquelle il était arrivé trop tard.

Ses loges dans les quatre grands théâtres sont très-riches, et magnifiquement décorées ; parmi les ornemens, on remarque une étoile en or, placée tantôt au-dessus tantôt au-dessous de la loge.

J'ai vu deux fois la grande parade, qui est maintenant une des curiosités les plus remarquables de Paris ; c'est en effet un très-beau spectacle. Je me trouvai avec plusieurs autres étrangers dans une des salles du premier étage, par laquelle Bonaparte devait passer ; les domestiques nous avaient assigné cette place avec beaucoup de politesse ; mais nous fûmes redevables à nos uniformes de ce qu'on nous y laissa ; car, au bout d'un moment, un aide-de-camp vint à un de nos compagnons, qui était vêtu d'un frac, et lui signifia, aussi avec politesse, qu'il ne pouvait rester dans cette salle ; mais il le fit placer ailleurs.

Les salles et les escaliers étaient bordés de soldats rangés en haie, et placés à deux pas l'un de l'autre ; quatre ou cinq régimens d'infanterie étaient en bataille dans la cour ; leurs uniformes sont simples, et ces habits longs ne me semblent ni beaux ni commodes ; mais les bonnets des grenadiers , garnis de peau d'ours , ont réellement quelque chose de martial et d'imposant. — Au-delà de la grille , sur la place du Carrousel, on voyait la cavalerie, composée des chasseurs de la garde à cheval , et de deux régimens de cuirassiers de la plus grande beauté. — La petite troupe des Mamelucks se faisait remarquer par son costume oriental.

Bientôt je vis venir Bonaparte , entouré de généraux et d'aides-de-camp couverts d'habits magnifiques , tandis qu'il ne portait qu'un uniforme tout uni, sans broderie ni aucune distinction ; son chapeau était aussi sans plumes, galons ni houpe : il marchait très-vite, et ne tenait qu'un fouet à la main

Arrivé au bas de l'escalier, il monta son cheval blanc, et parcourut les rangs, suivi de son brillant cortège. Outre les troupes, il se trouvait là une foule innombrable, et plusieurs personnes lui remirent des placets. Il m'a paru que l'on pouvait s'approcher de lui très-facilement, et j'ai été témoin que toutes les grandes mesures qu'il prend, dit-on, pour sa sureté, n'existent pas.

Autant que j'ai pu voir, il remet tous les papiers qui lui sont présentés à un aide-de-camp. Cependant une femme s'étant approchée, et ayant osé arrêter son cheval par la bride, il eut la bonté de lire son placet, et de lui répondre à l'instant même. Pendant toute la revue, son fidèle Mameluck est derrière lui, non pas tout près, comme on nous l'a dit en Allemagne, mais confondu avec les généraux.

Alors Bonaparte vint se placer devant la porte des Tuileries, à quelques pas de l'endroit où j'étais. C'est là que l'ambassadeur turc lui présenta, au nom du grand-seigneur, son maître, deux chevaux de la plus rare beauté, mais tellement couverts d'or et de perles, qu'à peine pouvait-on distinguer leur couleur.

J'ai remarqué que Bonaparte prend souvent du tabac, dans une boîte d'écaille fort simple. Il ne paraît s'occuper que des troupes, auxquelles il fait faire quelques manœuvres, un régiment après l'autre. Le commandant du corps vient à lui chaque fois recevoir ses ordres pour les faire exécuter. Chaque régiment formait à son tour un bataillon carré, peut-être en mémoire de la guerre d'Égypte. L'infanterie défila au son d'une musique bruyante et guerrière parfaitement exécutée, et qui l'emporte sur tout ce que j'ai entendu dans ce genre. Ce ne sont pas seulement des marches à deux reprises qu'elle joue, ce sont des symphonies militaires, exécutées avec un ensemble et une précision admirables. Après l'infanterie, vint la cavalerie, montée sur des chevaux superbes. Cette parade fut terminée par des manœuvres exécutées par un seul des régimens de cavalerie.

Je vis, à une parade suivante, un bataillon de matelots qui se faisait distinguer par ses armes, qui consistaient en grapins d'abordage.

Pour ne pas rencontrer Bonaparte à son retour, je me hâtai de descendre dans la salle des ambassadeurs, ou plutôt dans des appartemens très-simples qu'on nomme ainsi, et dans lesquels se réunissent le corps diplomatique et tous les étrangers qui doivent être présentés. Je ne vis là que des croix, des cordons, et des décorations éminentes. Des officiers de la maison, et des domestiques vêtus d'une livrée verte et or, nous offrirent des rafraîchissemens, puis nous nous disposâmes à monter par le grand escalier, qui était encore garni de deux haies de soldats, ainsi que les salles par lesquelles nous passâmes. Nous traversâmes lentement trois ou quatre appartemens, dans lesquels nous vîmes beaucoup de costumes nouvellement adoptés par les Français, tels que ceux des huissiers, vêtus de noir, et qui portent au cou, une chaîne d'or, à laquelle pend une médaille à-peu-près pareille à celles qui décoraient autrefois les chevaliers.

Alors on ouvrit les portes de la salle d'audience, dont les décorations les plus remarquables sont les drapeaux, qu'on y a placés d'une manière vraiment pittoresque. Bonaparte était entre le second et le troisième consul, vêtus d'habits d'écarlate richement brodés. Près d'eux était le grand-juge, en costume de cérémonie.

Dès que le cercle fut formé, Bonaparte s'avança, et parla d'abord au prince héréditaire de Wurtemberg; il s'entretint ensuite avec les autres, et parla à tous, précisément comme les princes et les rois ont coutume de le faire lorsque les ambassadeurs des puissances étrangères leur sont présentés, ou leur présentent des personnes de leur nation.

Aucun des portraits que j'ai vus de lui, soit en Allemagne soit en France, ne lui ressemble parfaitement ; la plupart ne lui ressemblent pas du tout, et je compte parmi ces derniers le tableau du célèbre David. C'est Isabey qui a le mieux réussi ; le portrait dans lequel il l'a peint en pied, et dont on a fait une fort belle gravure, est parfaitement ressemblant. L'effigie des pièces de cinq francs frappées en l'an 12 est aussi fidèle ; chaque fois que j'en regarde une, je crois voir Bonaparte lui-même ; il a le profil d'un Romain, c'est-à-dire qu'il est grave, noble et expressif : quand il garde le silence, son sérieux paraît froid, et même un peu sévère ; mais dès qu'il parle, un sourire vraiment gracieux rend sa bouche très-agréable, et inspire sur-le-champ de la confiance. Il en était de même de Paul Ier; personne ne pouvait s'empêcher de l'aimer quand il voulait se donner la peine d'inspirer de l'amitié.

A propos de Paul Ier, je ne dois pas oublier que le premier consul m'a parlé de ce malheureux monarque avec une

chaleur et un intérêt qui font l'éloge de
sa sensibilité, et qui sont la preuve de
l'estime qu'il avait pour lui : « Il avait la
« tête chaude, me dit-il entre autres cho-
« ses, mais il avait un cœur excellent. »

A quelques pas de moi était l'ambas-
sadeur des Etats-Unis, avec lequel
Bonaparte s'entretint du commerce de
son pays; l'ambassadeur laissa échap-
per quelques mots sur la guerre; le
premier consul haussa les épaules,
comme s'il eût voulu dire : « Ce n'est
« pas ma faute si l'on n'est pas en paix ».
Il parut vouloir ajouter quelque chose;
mais il se retint, et passa outre. Il s'ap-
procha de moi une seconde fois, et me
parla avec infiniment de bonté et d'ai-
sance sur les théâtres. Il accusa les
Allemands de mélancolie, et dit que
nos drames larmoyans nuisaient, en
quelque sorte, à la tragédie française;
qu'il n'aimait point à pleurer, etc.

En rapportant ainsi ce que le premier
consul m'a adressé, je prouve bien que
je n'ai en vue que ce qui peut intéresser

le public, sans avoir aucun égard à moi. Il est difficile qu'un voyageur ne fasse pas du tout mention de lui dans la relation qu'il publie; mais il doit avoir l'attention de ne pas se mettre au premier rang (1).

Quand le premier consul eut fait le tour, il revint entre les deux autres consuls; puis il témoigna que l'audience était finie, et resta debout jusqu'à ce que tout le corps diplomatique se fût retiré.

Ce qui suit la présentation au premier consul n'est rien moins qu'agréable. Le lendemain, les musiciens de sa garde se présentèrent chez moi pour me féliciter sur mon bonheur, c'est-à-dire qu'ils vinrent me demander de leur faire un cadeau. Comme ils n'étaient que deux, je crus faire assez en leur donnant à chacun un écu de six francs; mais ils parurent fort mécontens, et me déclarèrent qu'ils étaient vingt-quatre.

____

(1) C'est cependant ce que vous avez fait par-tout.

Ici, la patience m'échappa. Je leur répondis que les complimens d'artistes aussi distingués étaient sans prix, et que j'étais sensible à l'honneur qu'ils me faisaient; puis je les laissai partir avec leur courte honte (1).

Je suis persuadé que leur chef ignore qu'ils emploient cette manière de demander l'aumône, et je crois bien faire en publiant cette petite anecdote; car, bien certainement, tous les Français qui liront ceci s'empresseront de contribuer, autant qu'il sera en eux, à abolir un usage qui compromet l'honneur national (2).

On a déja imprimé plusieurs détails sur les dîners du premier consul, et je ne puis rien y ajouter. Tout le monde sait qu'il n'aime pas à demeurer long-

---

(1) Ce qui est arrivé à notre voyageur est à coup sûr une mystification, à laquelle aura donné lieu l'esprit d'avarice qu'il laisse percer à tout moment.

(2) L'honneur national compromis, parce qu'on s'est amusé aux dépens de M. Kotzebue! c'est aussi pousser trop loin l'amour-propre, et concevoir une trop haute opinion de son mérite.

temps à table. On sait aussi que sa table est bien servie, mais qu'il n'aime pas les friandises.

On donne quelquefois des dîners de deux ou trois cents couverts dans la grande galerie, et j'avoue que ce local, tout magnifique qu'il est, ne me paraît pas très-propre à donner de l'appétit, par les souvenirs qu'il rappelle. Que l'on se figure les batailles de Constantin, représentées sur les tapisseries des Gobelins, mais dont malheureusement les couleurs commencent à se faner, parce qu'elles sont trop exposées au soleil ; entre les pans, les statues en marbre blanc, et de grandeur naturelle, des plus grands héros dont la France s'honore, tels que Bayard, Condé, Turenne, etc.; et l'on sentira, comme moi, que cette galerie est plus propre à un conseil de guerre, à un congrès pour la paix, ou à une réception d'ambassadeurs, qu'à des repas, où l'on n'entend que le cliquetis des assiettes et de l'argenterie. J'y ai vu aussi quelques

antiques connues : le jeune Homme qui
se tire une épine du pied , et la petite
Fille qui joue aux osselets. Les peintures
du haut ont un très-grand mérite ; il
est seulement fâcheux que le plafond
soit fendu en plusieurs endroits. La salle
à manger ordinaire, qui fait suite aux
appartemens, se fait remarquer par une
belle simplicité.

Les appartemens de madame Bona-
parte sont décorés avec un goût ex-
quis, mais sans magnificence ; quelques
bronzes précieux que l'on a vus autre-
fois à Versailles, un petit nombre de
beaux tableaux (parmi lesquels on dis-
tingue une Vénus endormie, du Cor-
rège), quelques marbres et mosaïques
fabriqués à Florence, de beaux vases
de la manufacture de Sèvres, voilà ce
qu'il y a de mieux dans l'ameublement.

On voit dans la chambre à coucher,
qui est commune à Bonaparte et à son
épouse, plusieurs jolis tableaux : du reste,
elle est fort simple. Deux petits cabinets
de bain terminent cet appartement , qui

consiste tout au plus en sept ou huit pièces. Dans l'antichambre, on a placé quelques grand tableaux d'un célèbre peintre flamand , et dans lesquels sont représentés plusieurs scènes de la vie de Louis XIV. Ces tableaux viennent de l'hôtel Condé, où on les voyait jadis.

Je dois, avant de quitter les Tuileries, dire à la louange de tous ceux qu'on y rencontre, officiers de la maison , domestiques ou sentinelles , qu'ils sont de la plus grande politesse dans leurs réponses et dans les renseignemens qu'ils vous donnent. Que je fusse en simple redingotte ou en grande parure , je les ai trouvés toujours également honnêtes et complaisans. On doit faire particulièrement l'éloge des sentinelles françaises : il m'est arrivé souvent de les interroger , et elles m'ont répondu avec civilité, même lorsque leur consigne les forçait à me refuser ce que je demandais.

Lorsque le premier consul partit pour faire la visite des côtes, on dit que, peu d'instans auparavant, personne n'en était instruit, et qu'il avait même envoyé le matin des papiers à l'un des ministres, en demandant qu'on lui en fît un rapport le lendemain ; il se contenta de dire à deux de ses aides-de-camp qu'ils l'accompagneraient, et leur demanda s'il leur fallait beaucoup de temps pour faire les apprêts du voyage. Ceux-ci, qui pensaient qu'il n'était question que d'un voyage de quelques jours, répondirent que non. « Eh bien ! dit le premier con- « sul, prenez vos épées et vos chapeaux ». En effet, cet homme actif avait déja donné l'ordre d'atteler, et le courrier qui devait faire préparer les relais était parti depuis un quart d'heure.

Je crois qu'il est à propos de terminer ici mes observations sur ce grand homme, et de poser là mes pinceaux, pour les remettre aux peintres d'histoire, à qui le temps qui s'écoule fournit chaque jour des matériaux.

La présentation aux deuxième et troisième consuls ne souffre pas beaucoup

de difficultés si elle a été précédée par
celle à Bonaparte. L'ambassadeur auquel
on appartient choisit un jour où le con-
sul Cambacérès donne à manger, soit le
mardi, soit le samedi; et l'on s'y rend
après le dîner, c'est-à-dire vers neuf
heures du soir. Ces deux magistrats ont
dans leurs cours et dans les corridors
des sentinelles qui montent la garde,
et sont sous le commandement d'un
officier. Leurs palais sont grands,
mais simples et sans faste; de beaux
gobelins sont le seul ornement remar-
quable qui les distingue. Il y a dans
l'antichambre, comme dans toutes les
grandes maisons de Paris, un domes-
tique qui vous demande votre nom, et le
répète à haute voix dans le salon au
moment où vous entrez. Cet usage a un
côté très-avantageux, en ce que la com-
pagnie rassemblée sait tout de suite
quelle est la personne qu'elle va admettre
au milieu d'elle; mais, d'un autre côté,
on ne saurait nier que cela ne soit sou-
vent très-désagréable pour celui qui

entre, sur-tout s'il porte un nom qui
ne soit pas tout - à - fait inconnu, parce
qu'alors tous les regards se portent à-la-
fois sur lui de manière à l'embarras-
ser (1). Le consul, qui est ordinairement
près de la cheminée, s'avance vers la
personne qui entre, en proportion de
son rang ou de son mérite, et répond
poliment au compliment qui lui est
adressé; après quoi l'arrivant prend sa
place dans le cercle.

J'ai eu encore l'honneur d'être admis
à la table du consul Cambacérès, et je
dois convenir que sur soixante-dix ou
quatre-vingts plats, à la moitié desquels
j'ai goûté (2), il n'en est pas un qui eût

____

(1) Quelle pudeur !... On dit cependant que M. Kot-
zebue ne rougit pas souvent. *Voyez les Mémoires
secrets sur la Russie*, tome 4.

(2) Tudieu, quel appétit ! Il me semble que d'après
cet aveu, M. Kotzebue pourrait entrer en concurrence
avec M. d'A..........., et que M. G. de la R.... a commis
envers lui une injustice criante en ne lui dédiant pas
l'*Almanach des Gourmands;* mais, pour le venger de cette
injure, je me fais fort de lui procurer la dédicace du
Manuel des Gloutons, auquel un de mes amis tra-

été désapprouvé par Lucius ou Apicius.
Il est incontestable que la cuisine fran-
çaise est la première du monde (1).

Après le dîner, les visites arrivent
par centaines; on trouve l'occasion de
faire les connaissances les plus intéres-
santes. Par exemple, j'ai vu chez Cam-
bacérès le célèbre navigateur Bougain-
ville, qui m'a fourni la preuve la plus
complète qu'on peut parvenir à un âge
très-avancé sans pour cela rien perdre
de sa vigueur et de son amabilité. Barbé-
Marbois, le brave compagnon de Bar-
thélemy dans sa déportation à Cayenne;
Portalis, le chef éclairé de toutes les af-
faires relatives au culte; le vieux Guil-
lotin, auquel on fait ici, injustement;
le reproche d'avoir inventé la guillotine;

---

taille, sous la dictée de Gargantua : cet ouvrage, décoré
d'un aussi grand nom, et enrichi de quelques notes prises
dans les *Souvenirs* de M. Kotzebue, ne peut manquer
d'avoir un succès prodigieux.

(1) Enfin M. Kotzebue s'humanise, et daigne convenir
de notre supériorité.... en cuisine ; la belle découverte !
et qu'un tel suffrage est flatteur pour nous !

car c'est l'amour de l'humanité qui l'a seul dirigé dans la recherche des moyens d'abréger les souffrances des malheureux condamnés à périr de la main du bourreau. On a souvent publié en Allemagne qu'il avait été la première victime de la guillotine; mais il se porte très-bien, et n'a jamais couru aucun danger sous ce rapport.

Le consul Lebrun est un homme extrêmement affable et prévenant ; son extérieur est des plus simples, et ses manières très-engageantes. Il est connu dans le monde littéraire par une excellente traduction du Tasse. Son entretien est celui d'un savant profond et d'un homme des plus cultivés.

J'ai vu chez lui le littérateur Lagrange, qui appartenait jadis à notre pays, et que j'ai revu avec plaisir tout aussi honnête homme qu'il l'était à Berlin (1). Son mérite est si généralement reconnu,

____

(1) Pourquoi M. Lagrange aurait-il perdu quelque chose de son savoir, de ses qualités aimables et de sa

qu'il a été promu à la charge de séna-
teur. Je me rappelle avec délices les
momens agréables que j'ai passés chez
lui.

---

probité, en venant de Berlin à Paris, puisqu'en faisant
le même voyage, M. Kotzebue a conservé tout ce que
nous lui connaissions d'impartialité, de délicatesse, de
jugement et de goût ; puisqu'il se montre absolument le
même qu'il était lors de son premier voyage à Paris il y
a treize ans, et à la suite duquel il a publié une relation
si intéressante et si polie, sous le titre de *Ma suite à Paris*,
dont on trouve un extrait, assaisonné de réflexions spi-
rituelles, dans le feuilleton du Journal des Débats sous
la date du 24 frimaire an 12 ?

7*

CHAPITRE IV.

Sur madame Récamier.

Il est triste de trouver un nid de che-
nilles sur une belle fleur (1): on peut
employer la fumée pour se délivrer de
ces insectes; mais quelquefois cela nuit
à la fleur. Il en est de même de la répu-
tation d'une femme, la plus tendre de
toutes les fleurs. Il est plus heureux pour
une belle qu'on ne parle point du tout
d'elle que d'en parler trop; car, quand
elle aurait la conduite la plus honnête,
la calomnie peut lui attribuer des torts.
D'après ces motifs, j'ai été long-temps
indécis de savoir si je devais blâmer ou
laisser dans l'oubli les mauvais propos
que se sont permis plusieurs journalistes
allemands contre la bonne et aimable ma-
dame Récamier; et si j'ai entrepris de les

____

(1) Voilà un début qui promet !

réfuter, convaincu que je suis que l'envie reçoit toujours plus volontiers les impressions de la calomnie que celles de la vérité, c'est que j'ai été entraîné plutôt par mes propres sensations que par l'espérance de tromper les envieux.

J'ai appelé madame Récamier bonne et aimable : beaucoup de mes lecteurs ont dû s'attendre que je la nommerais d'abord belle ; il est vrai, elle est belle, très-belle, et celui qui ne l'a que peu vue parlera d'abord de sa beauté ; mais comme la laideur disparait devant l'amabilité, il en est de même de la beauté. Nous ne faisons point attention aux couleurs de la rose et de la violette, pour ne nous occuper que de leur parfum, et en savourer toute la douceur.

J'avais des préjugés contre madame Récamier lorsque j'arrivai à Paris ; je m'imaginais voir une coquette enivrée des hommages qu'on lui rendait, croyant être la plus belle, ne voyant et n'aimant qu'elle seule, recevant avec orgueil ces hommages qu'elle regardait comme lui

étant dus , se mettant au-dessus de toutes
les convenances ; et que sais-je encore?
j'ajoutais foi à toutes les calomnies que les
journalistes allemands avaient débitées
sur son compte. Je desirais la voir, mais
non pas la connaitre. Ce fut à l'Opéra
que je satisfis ma curiosité pour la pre-
mière fois. « Voilà madame Récamier,
« me dit un de mes voisins » , et naturel-
lement je m'avançai pour regarder dans
la loge qu'il me désignait. Mes regards la
cherchèrent dans le premier rang, m'ima-
ginant qu'elle brillait plus de l'éclat de
ses diamans que de sa beauté ; mais je ne
l'aperçus point. Elle était dans le fond
de la loge, comme la violette cachée dans
l'herbe ; ses cheveux étaient sans orne-
mens ; vêtue d'une simple robe blanche,
elle n'était parée que des graces de la
modestie, et paraissait rougir d'être si
belle.

Cette première vue produisit sur moi
une impression agréable, et j'acceptai
avec plaisir la proposition qu'on me fit
de me présenter chez elle. Quoiqu'elle

fût au milieu d'une société brillante,
elle avait la mise la plus simple. « Les
« femmes qui connaissent leurs avan-
« tages savent que la beauté paraît
« mieux lorsqu'elle est sans ornemens
« étrangers ». Madame Récamier connaît
aussi ses avantages, mais qui pourrait
là-dessus lui faire un reproche de coquet-
terie? Quant à moi, qui connais assez
bien les femmes (1), je desirerais de
tout mon cœur que cette espèce de co-
quetterie devînt générale. Presque tou-
jours madame Récamier se met en blanc,
et très-décemment. Elle n'a sur la tête
d'autre ornement que ses cheveux châ-
tains, quelquefois tressés, ou tombant en
boucles; d'autres fois relevés négligem-
ment, et retenus par un peigne. Je l'ai vue
presque tous les jours pendant plusieurs
semaines, sans qu'elle ait jamais eu de
parure de diamans. Si elle en portait, on

---

(1) Le fat ! il ne lui manquait plus que cela! Un petit
maître de cinquante ans !... cela ne laisse pas que d'être
intéressant.

ne s'en apercevait pas, parce que l'on ne considérait qu'elle-même. L'amabilité, la modestie, un charme inexprimable, sont les trois graces qui président à sa toilette. Qu'il soit donc question de sa beauté pour la dernière fois. Ce charme, cet enchantement, comme on voudra l'appeler, est sans contredit beaucoup plus que la beauté. Je connais une autre dame qui, comme madame Récamier, réunit dans ses traits cet air qui attire tous les hommages. . . . . . . Le respect m'empêche de la nommer (1). Personne comme madame Récamier ne sait faire les honneurs de sa maison ; il règne chez elle un ton décent sans être forcé. Elle reçoit plusieurs des principaux fonctionnaires de l'état, des étrangers de distinction, des poètes, des savans et des artistes. Quoiqu'habituée au rôle brillant qu'elle joue dans le grand monde depuis plusieurs années, elle paraît d'abord

----

(1) M. Kotzebue, vous ne voyez donc pas que vous dites l'injure la plus grossière à madame Récamier, tout en voulant faire son éloge ?

un peu embarassée avec les personnes
auxquelles elle suppose du mérite (1).
Qui connaît le cœur humain pourra bien
remarquer, par quelques traits de son
caractère, que la vanité qu'elle pourrait
tirer de ses avantages extérieurs ne lui
fait négliger aucunement les qualités es-
sentielles ; elle semblerait au contraire
vouloir les dérober à tous les yeux.

Quand je n'aurais rien de plus à dire
sur madame Récamier, je crois que
j'en ai fait un assez bel éloge ; mais tout
ce que j'en ai dit est bien peu de chose,
comparativement à la bonté de son ex-
cellent cœur. Au milieu du tourbillon
de Paris, elle remplit tous les devoirs
d'une épouse sage, quoique son mari
soit d'âge à être son père. La calomnie
même ne l'a jamais attaquée de ce côté.
Elle n'a point d'enfans, mais elle soigne
avec une tendresse vraiment maternelle

---

(1) Quelle modestie ! Jugez, d'après cela, de ce que
madame Récamier a dû éprouver en se trouvant en face
d'un homme aussi célèbre ! Il y avait réellement de quoi
la déconcerter.

ceux d'une de ses parentes, auxquels elle tient lieu de mère. Elle est amie sincère, peut-être même un peu enthousiaste ; malgré cela, constante dans son amitié, ainsi que me l'ont assuré ses anciens amis. Mais il y a aussi une petite ombre au tableau. Elle aime à faire de grands sacrifices pour ceux qu'elle aime ; elle en fait rarement de petits. Tant qu'il n'est pas question de leur bonheur, et qu'il s'agit seulement de leurs plaisirs, elle les néglige sans réflexion, pour s'occuper des devoirs de la société, qu'elle remplit cependant sans y prendre goût. Ce défaut tient particulièrement au naturel des femmes, qui veulent plaire à tout le monde ; il tient aussi à la manière de vivre de Paris.

Madame Récamier est sage sans vouloir le paraître. Si elle n'allait pas si souvent à la messe, on ne jugerait de sa sagesse que par ses bonnes actions (1) ;

---

(1) En attendant que M. Kotzebue ajoute à son ouvrage un commentaire qui nous paraît de plus en plus nécessaire, il me permettra de lui dire que cette manière de

elle signale chaque jour par des bienfaits.
Je sais que ce n'est pas un grand mérite
pour des gens riches de donner de l'ar-
gent, et même d'en donner beaucoup;
mais c'est la façon de donner qui en fait
le prix, et c'est sur-tout en cela que j'ai
trouvé madame Récamier noble et bien-
faisante. Il est impossible qu'elle ait
voulu faire parade devant moi de sa bien-
faisance (comme quelques envieux l'ont
prétendu), car j'avais entrée chez elle à
toute heure du jour, et j'ai été souvent
le témoin inattendu de plusieurs actes
d'humanité.

Je n'oublierai jamais ce beau jour
où je la trouvai seule avec une jeune
fille sourde et muette qu'elle avait re-
cueillie en allant se promener dans je ne
sais quel village. Cet enfant avait été
élevé à ses frais pendant quelque temps;
elle lui avait ensuite procuré une place

---

faire l'éloge de quelqu'un est par trop inintelligible;
quant à moi, j'estime que ceci est un logogryphe in-
déchiffrable.

à l'excellent institut des Sourds-Muets ;
dans ce moment elle venait de la faire
habiller à neuf, et se l'était fait amener
pour la conduire elle-même à l'abbé
Sicard. Elle faisait déjeûner cet enfant
dans son salon de compagnie, sur une
table de marbre, et près d'un miroir
dans lequel cette petite fille pouvait se
voir des pieds à la tête, probablement
pour la première fois. L'émotion de la
charmante bienfaitrice en voyant la
joie et l'étonnement de cette petite fille,
les larmes de la pitié qui coulaient de
ses yeux en la baisant au front, la
bonté maternelle avec laquelle elle l'en-
gageait à manger, et lui mettait dans les
poches ce qui restait dans le sucrier ;
les remerciemens inarticulés de l'enfant,
qu'il exprimait par une sorte de cri qui
me remplissait d'émotion, seront long-
temps présens à ma mémoire.... Non,
il n'y avait point d'artifice dans toutes
ces sensations, et c'est la seule fois en
ma vie que j'ai été témoin d'une pareille
scène.

Quand les envieux ne peuvent faire croire à leurs accusations contre la vertu et la moralité d'une femme aimable, ils finissent par dire qu'elle n'a point d'esprit. En effet, si l'on n'appelle spirituelle que la femme qui s'entend mieux aux maximes de la philosophie qu'aux ouvrages de l'aiguille; qui, sans avoir besoin de réfléchir, dit son sentiment sur les nouvelles productions de la littérature et des beaux-arts; qui ne parle que des gens de lettres; qui prend parti dans les opinions qui les divisent : alors on ne dira pas que madame Récamier est une femme d'esprit. Mais si un jugement sain, et dégagé de préjugés, le goût de tout ce qui est noble et beau (qu'il provienne d'où l'on voudra), si la connaissance des vérités naturelles et des produits des beaux-arts peuvent donner à une dame des prétentions à l'esprit, madame Récamier doit en avoir plus que bien d'autres, et plût à Dieu que, pour l'avantage des époux, et pour que les dames soient plus long-temps aimables,

il n'y ait jamais de femmes plus spiri-
tuelles.

On me demandera peut-être comment
on peut juger de l'esprit d'une femme.
On peut se fier d'autant plus au jugement
que je porte, que non-seulement je vis
madame Récamier presque tous les
jours, mais qu'en outre une circonstance
particulière me mit à portée de juger de
son esprit; circonstance dans laquelle ni
homme ni femme n'aurait pu dissimu-
ler son insuffisance. Je fus promener en
voiture avec madame Récamier pendant
quatre ou cinq heures, sans autre com-
pagnie que celle des enfans dont elle
prend soin, et qui, certainement, ne se
mêlèrent point de la conversation. Il n'y
a pas de moyen plus sûr pour connaître
le degré d'esprit d'un homme qu'une
conversation suivie en voiture (à moins
que le sommeil ne s'en mêle), c'est là
qu'il doit se développer; et si les per-
sonnes qui sont renfermées dans une
voiture étroite ont l'une pour l'autre un
sentiment d'amitié, c'est là que la con-

liance est plus grande, et......en un mot......cette femme que l'on dit sans esprit, m'a fait voir, pendant quatre heures, qu'elle en avait (1).

Le dernier reproche que l'on fait à mon amie (2), et qui est insignifiant, c'est son amour pour la magnificence. On a vu déja plus haut que la parure n'est pas pour elle une affaire de luxe. Les escaliers de sa maison ressemblent à un jardin, c'est affaire de goût; les tentures de ses appartemens sont en soie, les cheminées sont de marbre blanc, les pendules et autres meubles ont des ornemens en bronze doré, les glaces sont très-grandes; mais tout cela convient

---

(1) J'ai traduit *littéralement* ce passage, pour donner à ma nation une idée de la moralité de M. Kotzebue, et je ne me permettrai aucune réflexion sur ce qui concerne madame Récamier; je laisse à mes lecteurs la liberté de qualifier comme ils le voudront la conduite d'un homme envers lequel on a exercé l'hospitalité avec toute la délicatesse, la franchise et l'amabilité françaises, et qui la paie par des équivoques grossières, des mensonges, des injures, ou des calomnies.

(2) Son amie!!.....

parfaitement à un riche particulier. Je n'ai point trouvé de luxe chez elle, dans tel sens qu'on veuille l'entendre; j'y ai vu du goût par-tout, et de l'élégance seulement dans un ou deux appartemens. Une antichambre, deux salons de compagnie, une chambre à coucher, un cabinet, et une salle à manger, voilà tout son logement; et certainement une petite-maîtresse allemande qui serait aussi riche ne se contenterait pas ainsi. Encore un trait, pour prouver combien peu madame Récamier cherche à éblouir par son luxe. Lorsque nous allâmes promener ensemble, comme je l'ai dit plus haut, nous montâmes dans une voiture très-propre, mais simple, et attelée de deux chevaux; nous trouvâmes à la barrière un joli phaéton avec un très-bel attelage, qui nous attendait. Je lui témoignai ma surprise; elle me dit : « Je « n'aime pas à me montrer en ville dans « cette voiture, on y attire trop l'atten- « tion ». Si c'est là de la vanité, au moins elle est cachée.

Qu'on rassemble maintenant tous ces traits-épars, et copiés d'après nature, et l'on dira : voilà un charmant portrait.

Voyons maintenant ce que disent les journaux allemands; ils assurent que pendant que madame Récamier a été en Angleterre, son mari, qui était resté à Paris, disant un jour qu'il n'avait point de nouvelles de sa femme, une espèce de bel esprit lui demanda avec ironie s'il ne lisait pas la gazette. Quand cela serait vrai, que peut-on en conclure ? Madame Récamier peut-elle empêcher que les journalistes anglais ne saisissent les plus petites circonstances pour remplir leurs feuilles ? Est-ce donc à elle seule que pareille chose est arrivée ? Lisez le *Morning-Chronicle,* etc, vous y trouverez souvent des descriptions de la sensation qu'aura faite à un gala la parure de telle ou telle dame.

Les journalistes allemands ont encore reçu d'autres informations. Madame Récamier avait donné un jour un bal; mais elle s'était couchée sur le minuit,

et avait reçu dans sa chambre à coucher
tous ceux qu'elle avait conviés à ce bal.
Il y a quelque chose de vrai dans cette
anecdote. La belle madame Récamier
fut saisie à ce bal d'un mal subit et
violent; mais elle eut la bonté de ne
pas vouloir troubler la joie commune;
elle se retira donc dans son apparte-
ment, et se coucha. Quelques amis par-
ticuliers vinrent savoir des nouvelles de
son état; et cette circonstance si simple,
si naturelle, occasionna ce conte ridi-
cule.

Voici encore une anecdote que rap-
portent les journalistes allemands. L'au-
teur dramatique Picard, disent-ils,
avait fait une pièce dans laquelle cette
dame était tournée en ridicule; mais le
mari a acheté la pièce pour une somme
assez forte (1). Je suis autorisé par
Picard lui-même à démentir cette ca-
lomnie; il ne lui est jamais venu dans

---

(1) M. Kotzebue se trompe; la pièce dont il est ici
question n'était pas de Picard.

l'idée d'écrire quelque chose contre ma-
dame Récamier : la vérité du fait est
qu'on s'est permis, à la représenta-
tion de l'une de ses pièces, quelques
applications ridicules qui paraissaient
dirigées contre madame Récamier; et
M. Picard, pour faire cesser les mau-
vais propos, et sans aucune spécula-
tion basse, sans même aucune sollici-
tation, a eu la délicatesse de retirer sa
pièce.

On avait fait à Paris une caricature
sur cette dame; elle entra un jour dans
un magasin de gravures, et on la lui
offrit sans la connaître; elle m'a elle-
même raconté le fait. Elle fut surprise
d'abord; mais elle regarda cette gravure
de sang-froid. « Sans doute, dit-elle au
« marchand, cette personne a mauvaise
« réputation. Point du tout, répondit-il
« sur-le-champ; c'est une dame dont
« la réputation est sans tache ». Et il
continua de lui prodiguer des éloges qui,
n'étant pas suspects, la consolèrent de
l'intention qu'on avait pu avoir en tra-

çant la caricature qu'elle avait entre les mains.

Je pourrais parler encore sur ce sujet, et rapporter des traits qui ne sont remarquables que pour l'observateur exercé, parce qu'ils font voir le fond du cœur; mais il ne me convient pas d'en dire davantage : un ami n'a aucun droit de publier ce qui se passe dans l'intérieur de la maison d'une femme bienfaisante. Je crois en avoir dit assez pour faire rougir les journalistes allemands (1), et pour détruire les préjugés qu'on pourrait avoir sur madame Récamier.

Puisse-t-elle jouir long-temps d'un bonheur qu'elle doit plus à son cœur et à ses vertus qu'à sa richesse et à sa beauté!

---

(1) Et lui aussi, si la chose est possible.

CHAPITRE V.

Le Muséum des Monumens français.

C'EST, sans contredit, une des curiosités les plus remarquables de Paris. La vue de ce sanctuaire satisfait le cœur et l'esprit. Alexandre Lenoir, fondateur et directeur du Muséum, excité par la passion des arts, a rassemblé, en vertu d'un ordre qu'il a obtenu du gouvernement, environ six cents monumens français, tirés des anciens châteaux, des églises et monastères supprimés. Quelques-uns de ces monumens remontent jusqu'au sixième siècle ; tous, sans exception, excitent puissamment l'intérêt, sous le rapport du travail ou du progrès des arts, ou relativement à l'histoire. Le couvent supprimé des Petits-Augustins a été disposé pour rassembler ces trésors, et cet antique local, avec ses cours et ses

8.

jardins, a été parfaitement utilisé pour
cet objet. Alexandre Lenoir a rassem-
blé, autant que possible, et avec le plus
grand soin, ce que l'affreux vandalisme
de la révolution avait voulu détruire ou
mettre en pièces; lui-même était présent
par-tout, et toujours occupé. Il a fait,
entre autres, des observations très-inté-
ressantes sur l'exhumation des cadavres
à l'abbaye de Saint-Denis. Beaucoup,
ensevelis dans des cercueils de pierre
(usage qui remonte aux premiers temps
de la monarchie), furent trouvés avec
leurs habits encore entiers, et avec quel-
ques petits meubles qui avaient dû servir
à leur usage; les vandales mirent ces
habits en pièces, et ce qui se trouva d'or
ou d'argent fut porté à la monnaie.

On entre d'abord dans l'ancienne
église, qui est remplie de monumens
de tous les siècles, rangés suivant l'ordre
chronologique, et artistement groupés.
De là on passe sous une galerie voûtée.
Ce lieu est obscur, parce que les vitraux
peints ne laissent passage qu'à une lu-

mière vague et incertaine. Ce sont les
restes informes du XIIe siècle. On voit
sous cette voûte les statues de rois et de
reines, à genoux sur leurs tombeaux,
dans l'attitude de la dévotion; ces statues
ont les mains plates, et jointes ensemble;
tout ce qui les entoure, les vitraux même,
datent d'une époque très-reculée; tout y
est sombre et triste, et il est impossible
de marcher dans cette obscurité des
tombeaux sans être saisi d'une terreur
secrète. De là, on passe dans la salle
gothique, où sont rassemblés les monu-
mens du quatorzième siècle; là, il n'est
pas une statue, pas même une pierre em-
ployée comme ornement, qui ne soit un
reste des monumens de ce même siècle.
Le curieux, bravant le temps, continue
de marcher ainsi de siècle en siècle, jus-
qu'au dix-huitième; il arrive enfin à
l'allée des Ombres, dans l'Elysée (ancien
jardin du couvent); là, il s'arrête devant
un grand homme, ou va se reposer sur
la tombe du bon La Fontaine.

J'espère ne pas ennuyer en décrivant

en peu de mots les monumens qui m'ont
le plus frappé. A l'entrée de l'église, à
droite, on voit un autel de pierre; cet
autel fut consacré à Jupiter sous le règne
de Tibère, par les négocians de Paris,
qui faisaient le commerce sur l'eau (1).
Parmi les sculptures qui ornent cet au-
tel, on reconnait Mercure, Bacchus et
Vénus, et l'on admire la constance des
Parisiens, qui, depuis dix-huit siècles,
honorent ces trois divinités païennes,
qu'ils prennent bonnement pour des
saints (2).

Cette pierre que j'aperçois, avec une
inscription grecque, couvrait la tombe
de deux époux qui s'aimaient, Philo-

---

(1) M. Kotzebue vient de dire que quelques-uns de
ces monumens remontaient jusqu'au sixième siècle ; celui-
là est bien plus ancien, étant du règne de Tibère, qui
date de l'an 14 avant J. C.

(2) Ils sont si bêtes, ces Parisiens, ils ont si peu de goût!..
Vraiment, ils ont bien fait une autre bévue. Ne se sont-
ils pas avisés de croire que M. Kotzebue avait de l'ins-
truction, du jugement et des connaissances? n'ont-ils pas
eu la sottise de le croire susceptible de reconnaissance,

carès et Timagore. Ce n'est point une
inscription fastueuse qui anuonce leur
amour; un bas relief très-simple re-
présente ces deux époux, qui se donnent
la main pour descendre chez les morts.

Salut à Moschus, fils de Moschus.
Ce peu de paroles appelle l'observateur
près d'une tombe en marbre de Paros.
C'est celle d'un poëte célèbre qui mou-
rut en Sicile 285 ans avant l'ère vul-
gaire. Aucune espèce de flatterie ne pro-
fane sa mémoire ; mais après vingt
siècles, chacun le salue encore joyeuse-
ment : *Salut à Moschus.*

J'aperçois une longue suite de noms
grecs, inscrits sur ces tables de marbre ;
ce sont ceux des braves guerriers de la

---

en tout du moins de politesse et d'égards ? Ne l'ont-ils pas
caressé, fêté, comme s'ils avaient eu affaire à l'homme le
plus honnête et le plus délicat ? eh bien ! l'expérience
prouve aujourd'hui qu'ils se sont trompés aussi lourde-
ment à cet égard qu'à l'occasion du bas-relief dont il
s'agit ; mais heureusement l'erreur n'a pas été d'aussi
longue durée ; et grace aux *souvenirs* aimables de M. Kot-
zebue, nous savons au juste maintenant à quoi nous en
tenir sur son compte.

race des Erechtides (1), qui moururent sur le champ de bataille. La reconnais-sance de leurs concitoyens grava leurs noms sur ce monument, qui fut érigé en leur honneur peu de temps après la mort de Cimon, lors de la guerre du Péloponnèse, et par conséquent il y a deux mille trois cents ans. Qui peut considérer ces caractères sans y voir toute l'histoire de la Grèce, que nous sommes sur le point de regarder comme fabuleuse (2)? On regarde avec beau-coup d'indifférence un vase grossier d'al-bâtre oriental, qu'une tradition singu-lière dit avoir servi aux noces de Cana. Grand Dieu ! quels hommes auraient donc été conviés à ces noces, puisqu'ils auraient été capables de se passer de main en main un vase qui pèse au moins cinq cents livres !

---

(1) On appelait ainsi les Athéniens, du nom d'Erechthée, fils de Pandion, et sixième roi d'Athènes.

(1) Ces deux tables de marbre ont été transportées au Musée-Napoléon, sans doute parce que ce n'est pas un monument national.

Je considère, en souriant, une tombe
d'un genre particulier, et dont l'anti-
quité remonte jusqu'au sixième siècle :
c'est celle du roi Dagobert Ier, qui
souilla ses victoires par sa cruauté et
ses débauches, et qui, sans compter ses
concubines, avait en même temps trois
épouses; mais il expia tous ses péchés
en faisant bâtir l'abbaye de S.-Denis, et
il fut mis au nombre des saints (1). Des
bas-reliefs très-grotesques représentent
ce qui lui est arrivé après sa mort. Il
faut commencer par le bas, où l'on voit
d'abord le corps de Dagobert étendu; un
peu plus haut, des diables sont dans une
nacelle, ayant au milieu d'eux l'ame de
Dagobert, qu'ils tourmentent. Si le des-
sein de l'artiste a été de rendre ces diables
affreux et épouvantables, il a totalement
manqué son but; car ils sont tous très-
comiques, ayant sur des corps humains
des têtes de grenouilles, de chiens et

____

(1) Par quelques chronologistes; mais ce titre n'a
point été confirmé par l'église.

8*

autres figures analogues. Pour faire voir
que l'homme qu'ils tiraillent au milieu
d'eux n'est pas proprement un homme,
mais une ame, l'artiste a supprimé les
parties sexuelles. Il n'a pas tant de
tort; s'il avait pu supprimer l'estomac
de la même manière, il aurait ôté à
l'homme ce qui l'empêche d'être une
ame. Un peu au-dessus, paraissent
S. Denis et S. Martin entre deux anges,
que Dagobert a invoqués dans sa dé-
tresse; ils enlèvent aux diables leur
proie, et l'on voit plusieurs de ces
esprits infernaux à tête de grenouille
se plonger dans l'eau d'une manière
tout-à-fait plaisante. Au-dessus on
voit l'ame entre les deux anges qui
l'ont sauvée, qui l'enveloppent d'un
drap, et qui la purifient avec des par-
fums. Enfin, tout-à-fait en haut, les
deux saints sont à genoux devant Abra-
ham, et le prient de recevoir l'ame dans
son sein. Il existe en outre deux sta-
tues qui étaient à côté du tombeau;
l'une est celle de Nantilde, épouse de

Dagobert, et l'autre celle de Clovis (1) leur fils.

Je me sens à-la-fois saisi de terreur et de respect en me trouvant entre les tombeaux de Frédégonde et de Bertrude; la première, ennemie de Dieu et des hommes (2), a assassiné son mari (3); l'autre a tâché constamment d'adoucir, par l'aménité de son caractère, le cœur sauvage et farouche de son époux, et de sauver les victimes qu'il voulait immoler. Elle avait épousé Clotaire II, fils de Frédégonde; c'est lui qui a érigé ces deux tombeaux.

J'éprouve un serrement de cœur bien vif en entrant dans cette salle dont la construction annonce le douzième siècle; ces statues, ces débris proviennent de l'abbaye du Paraclet ; sur cette tombe est la statue d'Abeilard. C'est celle que

---

(1) Clovis II.

(2) Grégoire de Tours l'appelle ainsi.

(3) Et beaucoup d'autres.

Pierre le vénérable (1) fit élever à le mé-
moire de son ami. Abeilard a la tête bais-
sée et les mains jointes : près de lui est son
amante ; les têtes de ces intéressantes créa-
tures ont été sculptées d'après nature, et
ce qui rend bien plus précieux encore ce
monument, c'est qu'il renferme réelle-
ment les cendres réunies de ces deux
amans. Abeilard ! Héloïse ! je pose la main
sur la pierre qui vous couvre : Pierre
froide et insensible, ai-je dit ? Mais je re-
tire ma main bien vîte, car cette pierre me
brûle. L'inscription latine qui pare cette
tombe est d'une si noble simplicité, que
je ne puis résister au plaisir de la trans-
crire ici. On l'attribue à Marmontel.

HIC

Sub eodem marmore jacent

Hujus monasterii

Conditor, Petrus Abelardus,

Et abbatissa prima Heloïsa ;

Olim studiis, ingenio, amore, infaustis nuptiis,

Et pœnitentia ;

Nunc æternâ, quod speramus felicitate

Conjuncti.

-----

(1) Abbé du monastère de Cluni, qui sollicita et obtint
du pape Innocent II la grace d'Abeilard.

Un couple amoureux qui va visiter les choses remarquables dont Paris fourmille devrait renouveler sur cette tombe le serment de fidélité. Il jetterait en passant un regard de mépris sur celle qui renfermait le corps de l'Abbé de Saint-Denis, Adam, l'ennemi acharné d'Abeilard. Ce fut lui qui persécuta et fit enfermer ce philosophe, pour avoir osé avancer une espèce d'hérésie; savoir : que les ossemens que l'on conservait à Saint-Denis n'étaient pas ceux de S. Denis l'aréopagiste, qui n'était jamais venu en France (1).

Cette petite boîte, incrustée d'ivoire, est un morceau d'un travail unique, et qui mérite qu'on y fasse attention. Louis IX la rapporta remplie de reliques à son

---

(1) L'auteur se trompe; ce ne fut pas là le motif des persécutions dont Abeilard fut la victime, et ce n'est pas non plus l'abbé de Saint-Denis qui le fit enfermer, mais le concile de Sens, présidé par S. Bernard, en 1140. Le concile ordonna que les livres d'Abeilard seraient brûlés et l'auteur enfermé, avec défense d'enseigner à l'avenir : cet ordre fut ratifié par le pape.

retour de la Palestine, et on l'a conservée depuis ce temps, dans la Sainte-Chapelle comme une relique, quoique les bas-reliefs représentent clairement le voyage des argonautes allant à la recherche de la toison d'or (1).

Ce grand bas-relief qui attire l'attention est tiré de l'abbaye de Saint-Denis, et n'est remarquable que par l'assemblage bizarre de différens objets. Il représente la passion de J. C. ; à l'un des côtés l'on voit S. Eustache, et de l'autre les Enfans dans la fournaise. Un autre qui représente l'Annonciation de la Vierge n'est pas moins extraordinaire. La Vierge en prières regarde avec étonnement le jeune Gabriel, habillé comme un petit-maître de ce temps-là. Il n'ose pas parler, mais il déroule avec discrétion un écrit qui développe le but de sa mission. Au-dessus on voit Dieu le père, dont la figure est toute dorée ;

____

(1) Il est heureux que M. Kotzebue soit venu en France pour nous faire faire cette découverte.

le Saint-Esprit sort de sa bouche, et va droit à Marie.

L'œil s'arrête volontiers sur cette statue de marbre blanc, qui éternise la mémoire et les traits d'une femme bonne et sensible, Valentine de Milan, épouse d'un duc d'Orléans qui fut assassiné à Paris en 1407 ; Valentine ne put survivre à sa perte : elle mourut de chagrin en 1408. Sa devise est d'un genre touchant, c'est une aiguière penchée d'où il tombe des gouttes d'eau qui ressemblent à des larmes, avec cette inscription :

Rien ne m'est plus.
Plus ne m'est rien.

Cette statue de Pierre de Navarre rappelle la mort terrible de son père, Charles second, roi de Navarre, surnommé *le mauvais*. Il fut bien puni de ses cruautés. Étant attaqué d'une espèce de paralysie, il ne pouvait plus remuer aucun membre. Les médecins lui conseillèrent de se faire coudre des pieds à la tête dans une espèce de linceul qui aurait été auparavant trempé dans de l'esprit de vin. Ce fut le soir qu'on le mit dans cette espèce de sac. Une des femmes du palais vint le lui coudre au-dessous du menton ; quand cela fut fini , elle voulut couper le bout du fil qui lui restait ; mais ne trouvant point de ciseaux sous sa main , elle prit la lumière pour couper le fil ; dans l'instant le roi fut enflammé , cette femme, effrayée, s'enfuit , et Charles le mauvais brûla vif dans son lit.

Cette statue de marbre nous met sous les yeux les traits de Charles d'Orléans, prince qui excite l'intérêt comme bisaïeul de François Ier , mais plus encore comme poëte élégant. Un manuscrit qui se trouve dans la bibliothèque nationale renferme les productions de son génie ; j'en donne ici une petite esquisse.

BALLADE.

Jeune, gente, plaisante et débonnaire,
Par un prier qui vaut commandement,
Chargé m'avez d'une Ballade faire, -
Je l'ai faite de cœur joyeusement :

Or, la veuillez recevoir doucement.
Vous y verrez, s'il vous plaist à la lire,
Le mal que j'ai, combien que hardiment
J'aimasse mieux de bouche vous le dire.

Votre douceur m'a sçu si bien attraire,
Que tout vostre je suis entièrement,
Très-desirant de vous servir et plaire ;
Mais je souffre maint douloureux tourment
Quand à mon gré je ne vous vois souvent,
Et me déplaist quand me faut vous l'écrire ;
Car si faire je pouvais autrement,
J'aimasse mieux de bouche vous le dire.

C'est par dangier, mon cruel adversaire,
Qui m'a tenu en ses mains longuement.
En tous mes faits je le trouve contraire,
Et plus se rit, quand plus me voit dolent,
Si je voulais raconter pleinement
En cet écrit mon douloureux martyre,
Trop long serait ; pour ce certainement
J'aimasse mieux de bouche vous le dire.

C'est ainsi que l'on chantait l'amour au quinzième siècle.

En avançant, on trouve la statue d'Isabeau de Bavière, femme de Charles VI, et qui mourut détestée de la nation. Son corps fut conduit à Saint-Denis dans une simple bière, et accompagné d'un seul prêtre. On s'arrête plus volontiers devant la Pucelle d'Orléans ; mais on cherche én vain dans ses traits ce courage mâle qu'elle employa à remettre sur le trône l'homme dont la statue est près de la sienne. On accuse cet homme d'avoir été assez faible pour abandonner à la rage du fanatisme celle qui l'avait sauvé, sans faire seulement une tentative pour la délivrer.

Cette autre statue agenouillée m'intéresse par son objet et comme monument des arts, c'est celle de Philippe de Villiers de l'Isle-Adam, grand-maître de l'ordre de Saint-Jean de Jérusalem, qui, par sa valeur et sa prudence, résista à 200,000 Turcs pendant le fameux siége de Rhodes, jusqu'à ce qu'il fut forcé de se rendre, par la trahison de son chancelier Amaral. Charles-Quint lui donna l'île de Malte (1). A sa mort, il fut regretté par ses chevaliers comme

---

(1) C'est à cette époque, c'est-à-dire depuis 1530, que les chevaliers de Saint-Jean de Jérusalem ont pris le nom de chevaliers de Malte.

on héros et un père. On grava sur sa tombe cette inscription simple, et qui renferme en peu de mots l'éloge le plus complet : *Ici repose la vertu victorieuse de la fortune.*

Je regarde avec respect la chapelle où se trouve le tombeau de François Ier, restaurateur des arts. Le corps de ce roi et celui de son épouse, Claudine de France, sont sculptés avec une vérité qui fait illusion ; les bas-reliefs qui l'entourent sont intéressans, en ce qu'ils représentent fidèlement les habillemens et les différentes pièces d'armures de ces temps-là. Au-dessus de l'entablement, qui est soutenu par seize colonnes d'ordre ionique, on remarque les statues du roi et de la reine, à genoux et en prières ; elles sont environnées de leurs enfans, dont les habits de cour font un contraste frappant avec les emblêmes de la mort qui sont au-dessous. Je trouve aussi le corps de Léonard de Vinci, l'ami de son roi, admirablement sculpté en marbre blanc ; mais je vois avec peine que déja dans le seizième siècle, l'amour-propre était aussi actif qu'à présent, et qu'on profanait les monumens les plus sacrés en y inscrivant des noms obscurs. Vous voyez par exemple un Hugues Betault en 1580, un Lormel en 1584, qui ont gravé leurs noms sur le monument de François Ier, voulant peut-être parlà s'immortaliser.

Cette belle colonne entourée de feuilles de pampre et de laurier supporte la figure de la Justice, et renferme le cœur du connétable de Montmorency, et celui d'un roi qui voulut être uni à lui à la vie et à la mort. L'inscription manque de goût, mais elle est expressive et sentimentale. Quoiqu'il ne soit question du roi que dans les quatre derniers vers, je ne sais trop à qui l'inscription fait plus d'honneur, si c'est au fidèle sujet (car on n'entrouve pas beaucoup), ou au roi son ami, qui a peu de ses pareils.

Je ne m'arrêterais pas un instant près de la statue agenouillée du chancelier René Birague (qui, de concert avec l'affreuse Catherine de Médicis, répandit des torrens de sang la nuit de la Saint-Barthelemy), si la vue de son épouse, qui est au-dessous de lui, ne me retenait. Habillée dans le costume du temps, elle repose sur des coussins, la tête appuyée sur la main ; elle tient un livre devant elle, mais elle paraît ne s'en occuper qu'avec distraction, parce qu'un joli petit chien, qui la caresse, l'en empêche. C'est l'image de la vie heureuse et tranquille, pendant laquelle on ne pense pas à la mort, qui vient vous surprendre au moment où l'on s'y attend le moins. Regardons au-dessous ; nous verrons le corps de cette même femme ; ses membres sont roidis, ses formes si agréables ont disparu ; son œil est éteint ; un simple linceul a pris la place de ses riches habits : cet assemblage de la vie et de la mort fait une impression profonde sur le spectateur, et paraît moins un monument qu'une satyre de la vie humaine.

Quelle est cette statue près de laquelle

j'ai vu si souvent d'*anciens* Français ras-
semblés et la considérant avec émotion?
C'est celle du bon Henri IV. On ne
trouve aucune statue qui lui ressemble
plus que celle-là, d'après le témoignage
de M. Lenoir, qui était présent à Saint-
Denis lorsqu'on ouvrit le cercueil de
Henri, dont le corps fut trouvé entier.

Malgré l'inscription pompeuse qui
décore le tombeau du maréchal de
France Albert de Gondy (1), je dé-
couvre sa honte dans ce monument des
arts qui nous rappelle son souvenir;
car c'est lui qui rendit Charles IX si
cruel. Passons vîte, mais arrêtons-nous
devant la statue de cette femme, c'est
celle de Claude-Catherine de Clermont-
Tonnerre (2), protectrice des sciences, et
les cultivant elle-même. Lorsque les am-
bassadeurs polonais vinrent présenter au
fils de Catherine de Médicis le décret de

----

(1) Il est plus connu sous le nom du maréchal de Retz.

(2) Cette demoiselle Clermont-Tonnerre épousa en
secondes noces le maréchal de Retz.

son élection au trône de Pologne, ce fut elle qui leur répondit en latin au nom de sa souveraine ; son discours fut si éloquent, que le vieux chancelier Birague, qui avait répondu pour Charles IX, fut honteux d'être resté si fort au-dessous d'elle. L'inscription la nomme héroïne comparable à tout ce qu'il y a de plus distingué dans l'antiquité. (*Heroina cum quavis prisci aevi comparanda*).

Je n'avais jamais entendu le nom de Dominique Sarrède ; mais avec quel plaisir me suis-je arrêté devant son buste, quand j'ai appris avec quelle fidélité il avait aimé Henri IV ! Il perdit une jambe à la bataille d'Ivry, cela ne l'empêcha pas de continuer à servir son roi. Sa douleur fut si grande lorsque ce monarque lui fut enlevé par un assassinat, que, passant deux jours après dans la rue de la Ferronnerie, il se trouva mal dans le lieu même où avait été commis cet horrible attentat, et il expira le lendemain : on lui éleva à Ermenonville un tombeau décoré de ses armes.

Le monument de l'intègre (1) président Pibrac date du XVIe siècle; il est couvert d'une pierre où est gravée l'histoire de sa vie, en latin, et où il y a aussi quatre strophes françaises qui expriment réellement toutes les qualités de l'honnête homme et du sage.

Salut à Philippe Desportes. Aimable poëte érotique, toi qui fus aimé de trois souverains, honoré et récompensé par eux (2), et qui mourus dans l'abondance

______

(1) Les historiens français ne sont pas tout-à-fait d'accord là-dessus avec l'auteur allemand : Quand on n'aurait à lui reprocher que sa trop fameuse apologie de la Sainte-Barthélemy, ce serait assez pour que sa mémoire ne fût pas tout-à-fait irreprochable.

(2) En effet, l'abbé Desportes jouit de la faveur constante et des bienfaits nombreux de Charles IX, Henri III et Henri IV. Henri III lui donna dix-mille écus pour le mettre en état de publier ses premiers ouvrages; Charles IX lui avait donné huit cents écus d'or pour son *Rodomont;* l'amiral de Joyeuse lui fit avoir une abbaye pour un sonnet; enfin il avait réuni sur sa tête plusieurs bénéfices qui lui produisaient plus de dix-mille écus de rente. Henri IV le combla de présens; et il lui accorda en outre ce qu'il pouvait donner de plus précieux, son estime et son amitié: on conviendra que peu de poëtes ont été aussi heureux et aussi bien payés de leurs vers.

et dans le repos.... Dans le repos?... j'ai peine à le croire. As-tu pu oublier que Diane de Cossé-Brissac, ton amante chérie, surprise dans tes bras par son époux, fut immolée à sa vengeance et à sa jalousie? Est-il un coup plus cruel pour un amant?... et cependant Desportes a oublié Diane. Une Hippolyte, une Laure, ont bientôt remplacé cette infortunée. Je passe outre, et je m'approche avec respect du monument voisin; la Muse de l'histoire écrit sur ce bas-relief la vie de celui à qui il est érigé : c'est au célèbre historien de Thou.

Cette autre statue intéressera le physionomiste ; c'est Charlotte Catherine de la Trémouille, accusée d'avoir empoisonné son mari, et déclarée innocente par le parlement. Comme la figure est, dit-on, très-ressemblante, le physionomiste peut décider si l'on a eu raison de l'accuser ou de l'absoudre ; quant à moi, je crois qu'elle n'a pas été accusée à tort.

J'avais admiré autrefois, à la Sorbonne, le tombeau du cardinal de Richelieu, ce chef-d'œuvre de Girardon. Une chose remarquable, et qui fait beaucoup d'honneur au directeur du musée, c'est qu'il exposa sa vie pour tirer ce beau mausolée des griffes des vandales, et qu'il fut même blessé d'un coup de baïonnette.

Un jeune Irlandais de la famille des Douglas mourut au champ d'honneur, dans la vingt-quatrième année de son âge; une dame lui fit élever un monument, sur lequel elle fit placer l'inscription suivante, en vieux français, mais qui dit beaucoup :

Prou de pis, peu de pair, point de plus.

Cette belle et vertueuse princesse de Conti, qui fut enlevée au monde à l'âge de trente-cinq ans, en avait à peine dix-neuf lorsqu'elle vendit ses diamans pour une somme de 800,000 liv., qu'elle employa à secourir les pauvres, dans un temps de disette. On ne saurait voir son tombeau sans éprouver un sentiment de reconnaissance, jai presque dit d'amour.

Mais je suis pénétré d'une vive émotion quand je considère le beau monument que Charles Lebrun a érigé à la mémoire de sa mère; un ange plane sur son cercueil, et sonne la trompette qui doit annoncer le jugement dernier; cette mère soulève le couvercle de son tombeau, et s'éveille gaiement comme si elle sortait d'un long assoupissement. L'art a bien servi la tendresse filiale; l'expression de la figure est admirable : un vif desir de voir la lumière céleste paraît animer le visage de cette femme.

Je te remercie, savant Girardon, de la grande instruction que tu as donnée à tous les ministres d'état, en élevant un monument à Louvois. L'Histoire tient un livre ouvert; elle tourne vers Louvois ses yeux baignés de larmes, et paraît lui montrer dans ses annales la place déterminée par les cruautés qu'il fit exercer dans le Palatinat.

Les deux vers français qui sont au bas d'une inscription latine du tombeau de Santeuil m'ont déplu, loin de me paraître écrits avec esprit.

> Ci-gît le célèbre Santeuil;
> Muses et fous, prenez le deuil.

C'est un assemblage unique dans son genre (1).

Cette Melpomène en pleurs, penchée sur le buste de Crébillon, me rappelle une anecdote singulière. Ce morceau était destiné pour l'église de S.-Gervais, où Crébillon est enterré; mais le curé déclara qu'il ne laisserait pas souiller le sanctuaire par un monument aussi profane : il voulait qu'on supprimât la muse et le buste de Crébillon (2). Je me

______

(1) Ces deux vers sont plutôt une plaisanterie qu'un éloge, et M. Kotzebue aurait pu s'arrêter de préférence à l'épitaphe latine qui a été composée par Rollin, à la louange du célèbre Santeuil; mais quand il peut opter entre un compliment et une injure, son choix n'est jamais douteux.

(2) J'ignore si l'anecdote qu'on cite ici est vraie; mais ce qu'il y a de bien certain, c'est que le mausolée de Crébillon, élevé par ordre de Louis XV, et exécuté en marbre par Lemoine, a existé jusqu'à l'époque de la révolution dans l'église paroissiale de Saint-Gervais. Mais qu'importe? c'est toujours un ridicule que M. Kotzebue jette, en passant, sur les Français.

souviens à cette occasion qu'on ne voulut pas laisser jouer sur le théâtre de D.... *Don Carlos*, de Schiller, à moins qu'on ne retranchât l'amour de don Carlos pour sa belle-mère.

Je transcris la belle inscription qui est au-dessous de ce médaillon, parce que c'est d'Alembert qui l'a composée.

François de Chevert, lieutenant-général.

Sans aïeux, sans fortune, sans appui,

orphelin dès l'enfance,

il entra au service a l'âge de XI ans.

Il s'éleva, malgré l'envie, à force de mérite,

et chaque grade fut le prix d'une action d'éclat.

Le titre seul de maréchal de France

a manqué, non pas à sa gloire,

mais à l'exemple de ceux qui le prendront pour modèle.

L'homme sensé qui visite ces monumens, élevés à la mémoire des grands hommes et des femmes célèbres, éprouve un sentiment de vénération et de respect ; mais cette sensation devient bien plus vive lorsqu'il entre dans l'Elysée, où il va trouver les restes des grands hommes qu'il a le plus aimés, et des auteurs dont les écrits ont fait sur lui la plus vive impression. Je crois voir leurs ombres, et j'étends involontairement le bras pour les saisir. C'est là que je vis un tombeau orné du masque de la comédie. Ce monument renferme les restes de Molière. L'inscription est simple ; on n'y lit que ces mots :

Molière et Thalie reposent dans ce tombeau.

Le tout est entouré de myrtes, de roses, et de cyprès. C'est là que repose cet homme immortel, auquel l'archevêque de Paris refusa une sépulture honorable (1).

Ce sarcophage contient les cendres de René Descartes, que son ami Dalibert rapporta de la Suède dans sa patrie.

Sous cette pierre repose La Fontaine. Deux bas-reliefs représentent les sujets de deux de ses fables, si naïvement écrites. Ici on lit :

Jean La Fontaine est dans ce tombeau.

-----

(1) En effet, ce fut le premier mouvement de ce prélat; mais sur les représentations qui lui furent faites par le roi, il rétracta cet ordre injuste, et Molière fut enterré à Saint-Joseph. Sans doute M. Kotzebue sait cela tout aussi bien que nous; mais il n'a garde de le dire, il préfère laisser subsister la première impression, parce qu'elle nous est défavorable.... L'aimable caractère !

Et ailleurs :

Jean s'en alla comme il était venu.

C'est le premier vers de son épitaphe,
que lui-même avait composée.

Jean s'en alla comme il était venu,
Mangeant son fonds après son revenu,
Croyant le bien chose peu nécessaire.
Quant à son temps, bien sut le dispenser ;
Deux parts en fit, dont il soulait passer
L'une à dormir, et l'autre à ne rien faire.

Cette pierre couvre Boileau. Trois
vers d'une de ses épîtres sont gravés
sur cette tombe.

Ainsi que mes chagrins mes beaux jours sont passés,
Je ne sens plus l'aigreur de ma bile première,
Et laisse aux froids rimeurs une libre carrière.

Ici repose Mabillon, savant critique,
et diplomate. Plus loin, le fameux an-
tiquaire Montfaucon.

Comment pourrai-je exprimer ce que
j'éprouvai en me promenant parmi ces
ombres qui voltigent autour de leurs
tombeaux ? Il me suffira de dire qu'il
n'y a pas eu un homme un peu cé-
lèbre en France dont on ne trouve un
souvenir dans ce muséum, quand ce ne
serait qu'un buste, et il y en a une très-

grande quantité. Ici, Michel Montaigne,
Sully, Rotrou, Corneille; là, Racine,
Quinault, Fénélon, Lenôtre; plus loin,
Bossuet, les deux Rousseau, Destou-
ches; ailleurs, Héloïse, Abeilard,
Louis XVI et Marie-Antoinette; d'un
autre côté, Maurice de Saxe, Montes-
quieu, le centenaire Fontenelle et l'alle-
mand Winkelmann. Par ici, Helvétius,
Piron, avec l'inscription connue:

> Ci gît Piron, qui ne fut rien,
> Pas même académicien.

Dubelloy, Voltaire, avec l'inscription
du consul Lebrun:

> O, parnasse! frémis de douleur et d'effroi;
> Pleurez, muses; brisez vos lyres immortelles.
> Toi, dont il fatigua les cent voix et les ailes,
> Dis que Voltaire est mort, pleure, et repose-toi.

Vous trouverez encore Buffon, le gé-
néreux Malesherbes, d'Alembert et Di-
derot; plus loin Raynal, Bailly, Vau-
canson et notre Gluck, avec cette belle
inscription:

> Il préféra les Muses aux Sirènes.

Quelle jouissance pour un être sensible de trouver réunies dans un même lieu les statues des hommes célèbres par leurs grandes actions, leurs écrits de tout genre, ou leur génie créateur. C'est, pour ainsi dire, apprendre à les connaître personnellement, et voir si dans leurs traits il existe des traces de leur génie (1). Les trésors qui sont au Musée-Napoléon, sont sans contredit infiniment plus précieux, et le seul Apollon du Belvédère vaut, sous le rap-rapport des arts, tout le Muséum des Monumens français ; mais l'étonnement échauffe rarement le cœur, et je n'ai jamais éprouvé autant d'émotion que quand je me suis trouvé au milieu des tombeaux et des monumens des grands hommes.

Le fondateur mérite des éloges pour la peine qu'il s'est donnée, et le bel ordre qu'il a établi au dedans et au dehors. Par exemple, le vestibule, d'où

______

(1) Voilà qui est bien, très-bien ! Pourquoi n'écrivez-vous pas toujours ainsi, M. Kotzebue ? vous seriez beaucoup plus aimable, et sur-tout plus estimable.

9*

l'on entre dans la première salle, est orné des portiques du vieux château d'Anet, que Henri II fit bâtir pour sa maîtresse, Diane de Poitiers. Les vitraux sont peints, et toujours, comme je l'ai dit plus haut, du même siècle que les monumens.

En voilà assez sur cet établissement remarquable, dont l'enthousiasme de Lenoir a enrichi Paris. Le voyageur s'empressera certainement d'aller visiter les Petits-Augustins, dans les premiers instans de son séjour à Paris. Il y a sans doute d'autres objets à voir dont je n'ai pas parlé ici : un connaisseur qui juge en dirait vingt fois plus que moi ; mais je n'ai parlé que d'après les sensations que j'ai éprouvées.

CHAPITRE VI.

MUSÉE-NAPOLÉON.

Galerie des Tableaux.

AVANT de parler de cette magnifique collection, la plus riche en ce genre qui existe dans l'univers, je dois faire connaître à mes lecteurs ce qu'ils doivent attendre de la description que j'entreprends. Je dois en même temps faire un aveu pénible, c'est que j'ai le malheur de ne juger les chefs-d'œuvre des arts que par les sensations qu'ils me font éprouver, et même par la première sensation. Je sais très-bien, pour l'avoir entendu des *grands maîtres de la nouvelle école*, qu'un chef-d'œuvre des arts ne peut ni ne doit faire aucun effet sur nos sensations ; que dès que cela est ainsi, ce n'est que l'ouvrage d'un misérable ouvrier ; qu'il ne faut pas s'attacher à imiter la nature, parce que cela est trop commun; qu'il est parfaitement indif-iérent vers quel objet l'art se dirige, et autres choses semblables, etc. (1). J'ai le malheur d'entendre toutes ces belles et grandes vérités, et de les oublier à l'instant même. Je ne demande pas d'a-bord : De qui est cette peinture? est-elle d'une assez haute antiquité, pour que l'on puisse la louer avec enthousiasme? n'y a - t - il pas quelque faute dans le dessin? Je ne m'informe pas non plus quelle impression elle doit produire, mais quelle impression elle produit réel-lement, parce que je m'obstine à croire que le peintre, en faisant un ouvrage, a eu pour but de produire différentes im-pressions. De ce défaut, attaché à mon caractère trop commun, il suit que le lecteur ne doit pas attendre de moi un jugement exact sous le rapport de

---

(1) A coup sûr ce n'est pas à des artistes français qu'il a entendu proférer de pareilles sottises; cela ne peut être qu'un rêve ou une gentillesse de sa façon.

l'art (1); je ne ferai que raconter sim-
plement ce que j'ai vu, et quelles sensa-
tions j'ai éprouvées. D'après cela, je
m'arrêterai souvent à des objets qui n'en
paraîtront pas dignes, tandis que j'en
passerai d'autres qui auront excité l'ad-
miration. Aussi ai-je eu la précaution
de n'amener avec moi aucun de ces
maudits connaisseurs à besicles, qui ne
savent rien faire que plaindre le spec-
tateur indifférent à leurs jouissances,
ou qui prétendent le forcer d'admirer ce
qu'il se contente de remarquer, par la
seule raison que cela est indiqué comme
merveilleux dans la notice.

Mais en voilà assez pour l'introduc-
tion. Le jeune artiste et le petit-maître
peuvent passer tout ce chapitre (2). En-

(1) Rassurez-vous, nous ne vous croyons pas capable
de le porter.

(2) Je serais tenté de conseiller à tous les lecteurs d'en
faire autant, et je l'aurais passé moi-même, si je n'avais
voulu donner aux étrangers un point de comparaison qui
les mît en état de décider quel degré de confiance ils
doivent accorder à M. Kotzebue. Le goût qui règne dans
ses jugemens sur des objets connus de toute l'Europe sa-
vante donnera la mesure juste de sa véracité lorsqu'il

trons dans la première salle, qui ren-
ferme des tableaux... *conquis* (1) à Veni-
se, Florence, Naples, Turin et Bologne.
L'expiation du crime involontaire de
S. Julien attire l'attention. Ce pauvre
homme avait eu le malheur de tuer
son père et sa mère, qu'il avait trouvés
couchés dans son lit; trompé par l'obs-
curité de la nuit, il avait cru surprendre
sa femme avec un amant. Pour expier
son péché, il se réfugia avec sa femme
près d'un fleuve dont le passage était
très-dangereux, et y fonda un hôpital
en faveur des pauvres. Au milieu d'une
nuit d'hiver, il entend une voix plain-
tive de l'autre côté du fleuve; il se lève,
passe la rivière, trouve un malheureux
à demi-mort de froid, le ramène chez

---

parle de nos habitudes, de nos mœurs, et de ceux de nos
usages qui ne sont pas aussi généralement connus.

(1) Pourquoi cette réticence? Quand on ne veut rien
dire que d'honnête et de vrai, on n'a pas besoin de dissi-
muler, mais je devine; apparemment vous vouliez dire
une sottise; dans ce cas vous avez bien fait de vous arrêter,
il y en a bien assez dans votre ouvrage.

lui, et ne pouvant le réchauffer près de son feu, le met dans son propre lit. Tout-à-coup le malade parait briller d'une lumière céleste, et annonce à son hôte que son crime est expié par l'hospitalité qu'il exerce envers les pauvres. Le peintre (Allori, à Florence, au XVI⁰ siècle) a choisi, avec beaucoup de sagacité, le moment où S. Julien aide le pauvre à entrer dans sa barque.

Une Sainte-Famille, par André del Sarto, m'a paru très-agréable; mais on tombe dans la tristesse en considérant un tableau de Romain Féti, représentant la figure d'une femme à genoux. Son œil fixé sur une tête de mort dit clairement : « J'ai tout perdu ». — L'Enlèvement d'Hélène, par Guido Reni, est une belle peinture, mais elle m'a fait rire. Peut-on croire qu'une femme, dans un enlèvement subit, pense à emporter tout ce qu'elle a de précieux, jusqu'à son petit chien? Il arrive souvent dans le cours de la vie qu'une femme-de-chambre est plus jolie que sa maî-

tresse; mais Guido Reni aurait dû évi-
ter cette faute dans son tableau. Celui
qui pense qu'on doit être indifférent
vers quel objet l'art est dirigé, peut ad-
mirer le Mendiant de Murillo, qui dé-
truit la vermine qui le ronge. Je lui
tourne le dos, et je souris en passant à
une Sainte-Famille du même auteur,
où l'on voit l'Enfant-Jésus jouant avec
un chapelet. Mais toute ma gaieté se perd
quand je considère le beau tableau de
Charles Ier, roi d'Angleterre, qui fut dé-
capité. Un peintre hollandais (Mytens)
a peint ce prince, âgé alors de vingt-sept
ans. Sous tous les rapports, ce tableau
doit faire plus d'impression à Paris qu'à
Turin, où il était, et où il a été..... *con-
quis* (1). Les Noces de Cana, par Paul
Véronèse, sont une composition remar-
quable à bien des égards; d'abord parce
que c'est le plus grand tableau qui existe
dans l'univers; en second lieu, parce que
le peintre y a placé les portraits de bien

____

(1) Encore? C'était déja trop d'une fois, et vous
n'auriez pas dû vous permettre de répéter cette mauvaise
plaisanterie.

des personnages célèbres de son siècle.
Le marié, par exemple, est un certain
marquis de Guasto; l'épousée est la
femme de François Ier; à côté d'elle est
François Ier lui-même; et près de lui,
Marie, reine d'Angleterre. Vient en-
suite l'empereur des Turcs, Soliman se-
cond; après lui, l'épouse du marquis de
Pescaire, tenant un cure-dent à la main.
L'empereur Charles-Quint a une place
peu convenable : il est à un angle de la
table, et vu seulement de profil. Les
portraits de plusieurs cardinaux et de
moines amis du peintre sont aussi dans
ce tableau. Enfin, le chœur des musi-
ciens est très-intéressant : Véronèse y a
placé les peintres vénitiens les plus re-
nommés de son temps. Lui-même s'y
est représenté, jouant du violoncelle; les
musiciens jouent sur de la musique no-
tée; Charles-Quint porte la croix de
l'ordre de la toison d'or. Ce superbe ta-
bleau se voyait auparavant dans le ré-
fectoire de Saint-Georges, à Venise. Il
a été très-mal payé au peintre, qui n'a

reçu que quatre-vingt-dix ducats, tandis qu'un seul bon portrait coûterait autant aujourd'hui. On voit avec le plus grand plaisir un tableau de Rubens, où il s'est peint avec ses amis les plus chers et les plus illustres; là est Hugo Grotius, ce sage philosophe, avec le chien qu'il aimait; près de lui, Juste Lipse, célèbre professeur à Louvain. Le buste de Sénèque, placé derrière lui, indique ses écrits sur le stoïcisme; et les tulipes qui sont auprès, indiquent que dans ses heures de loisir il cultivait avec soin ces fleurs alors nouvellement connues. Ce grand peintre lui-même, et son frère, complètent cette scène intéressante. Non loin de là, est suspendu un tableau qui me fait horreur; il est de Sébastien del Plombo. La belle sainte Agathe a méprisé l'amour d'un gouverneur de Sicile, qui, pour la punir, lui fait tenailler le sein. Comment peut-on trouver du plaisir à considérer de tels objets?

Entrons maintenant dans la galerie. Elle n'a pas moins de 400 pas de longueur, et pourrait en avoir 600, car il y a au bout une cloison qui la sépare en deux parties. La dernière est encore remplie de tableaux, mais qui ne sont ni classés ni restaurés. Les premiers à main droite sont de l'école française. On en compte plus de vingt de Charles Lebrun. Celui de ces tableaux qui m'a plu davantage, est la Tente de Darius. Après la bataille dans laquelle Alexandre vainquit Darius, le premier, accompagné seulement de son favori Héphestion, entre dans la tente des princesses persanes. Sysigambis, mère de Darius, se jette aux pieds du favori, qu'elle prend pour le roi, à cause de la magnificence de ses habits. S'apercevant de son erreur, elle veut s'en excuser : « Vous ne « vous êtes point trompée, dit Alexandre; « celui-ci est un autre moi-même ». L'épouse de Darius est à genoux près de Sysigambis : elle présente son fils au vainqueur. Statyra en pleurs, et sa jeune sœur, filles de Darius ; des femmes, des prêtres et des eunuques complètent ce tableau, qui est d'une grande beauté. — La Naissance de Jesus-Christ, par Lebrun, a attiré mon attention. La triple lumière d'une lampe, d'un foyer et de la gloire céleste, produit un très-bel effet. Cependant je préfère la Notre-Dame des Vignes, par Mignard, ainsi appelée, parce que la Vierge présente un raisin à Jésus-Christ. On trouve dans cette galerie à-peu-près deux cents tableaux de la Sainte-Vierge avec l'Enfant-Jésus; quelque beau que puisse être un tel objet, il faut pourtant convenir qu'il est trop prodigué. — On est saisi d'effroi en regardant le Déluge du Poussin; on voudrait pouvoir se jeter dans les flots pour sauver cette pauvre famille qui cherche en vain à échapper à la mort. — Le nom de Théolon est inconnu, quoiqu'il méritât bien d'être célébré s'il avait laissé plusieurs tableaux tels que la tête d'une vielle Femme, que je regarde comme un morceau excellent. — Il y a ici beaucoup de tableaux de Van-Dick qui sont d'une grande vérité, et dans le nombre il n'en est aucun qui ne soit digne de lui. Celui de ces tableaux qui m'a fait le plus de plaisir est un Ex-voto ; un homme et une femme ont offert cet Ex-voto ; ils sont représentés à genoux, et l'Enfant-Jésus les reçoit amicalement et comme un Dieu. Comme un Dieu, ai-je dit ! Non, la réception est un peu familière ; car le petit Jésus se baisse pour caresser la barbe de l'homme.

Je vois un peu plus loin un portrait que l'on dit ressemblant, c'est l'ouvrage d'un peintre allemand, nommé Faès. Qui pourrait croire que c'est la physionomie du protecteur Cromwel ? Holbein ou la nature ont donné une figure bien plus expressive au chancelier Thomas Morus. J'aurais deviné, en voyant son portrait, qu'il a porté de sang-froid sa tête sur l'échaffaud. Deux autres tableaux du même Holbein feront, je crois, autant de plaisir à tous ceux qui les verront qu'ils m'en ont fait à moi. L'un représente une jeune Femme voilée

ayant les mains croisées sur ses genoux;
l'autre est le portrait d'Erasme, auteur
de l'*Eloge de la Folie*. — Je ne puis
m'empêcher de rire en voyant le tableau
de la Fête des Rois, par Jordaëns; la
mine des conviés, qui regardent en riant
le roi de la fève, est on ne peut pas
plus comique. Je n'ai pas goûté l'Her-
cule de Lairesse, placé entre la Vertu
et la Volupté. Une Vénus de Rembrandt,
dans le costume flamand, m'a paru fort
drôle, avec ses grandes boucles d'oreilles;
si l'enfant qui est devant elle n'avait
point d'ailes, personne ne s'aviserait de
penser qu'on a voulu représenter l'A-
mour. Je trouve un tableau de Famille
de Van-Ostade, très-beau; ce peintre
est trop peu connu (1). Je donnerais vo-
lontiers trois Vénus de Rembrandt pour
cette scène de Famille.

Un petit tableau, endommagé par le
temps, doit représenter un Tournoi, et

-----

(1) Par M. Kotzebue apparemment; car ses tableaux
sont très-recherchés par les connaisseurs, qui en font le
plus grand cas.

avoir été fait par Rubens; j'avoue qu'il faut bien de la foi pour reconnaître le sujet et l'auteur. Et toi, Elisabeth de Bourbon, amante de don Carlos, le chef-d'œuvre de Schiller te rend plus intéressante pour moi que le pinceau de Rubens, qui a exprimé toute la douceur de ton caractère; il n'y a que le tableau des Douceurs de la vie domestique, de Stéen, qui ait pu distraire mon attention. Qu'on suspende ce tableau près de celui de sainte Agathe à qui l'on arrache le bout du sein, et qu'on se demande ensuite lequel on préférerait d'être l'ami de Stéen ou celui de Sébastien del Plombo.

Terburg a traité d'une manière très-plaisante une scène de débauche. On voit dans son tableau un Militaire, bon vivant, qui présente de l'argent à une Fille, qui baisse les yeux en rougissant, mais qui pour cela ne refuse pas ce qu'on lui présente. Le portrait d'un vieux Concierge de l'académie de peinture d'Anvers, fait par Corneille de Vos, est d'une vérité frappante. La figure de la Micheline, par Barocci, est charmante ; si cette belle Pélerine est ressemblante, elle aura eu bien de la peine à éviter de profanes amours. Le Martyre de S. Placide et de sainte Flavie, du Corrège, est selon moi un objet bien révoltant. Quelle figure extraordinaire que celle de sainte Flavie ! Il était naturel que les Sarrasins, qui n'étaient pas cruels envers le beau sexe, maltraitassent une femme aussi laide (1). La Malédiction de Dieu sur nos premiers pères, par le Dominiquin, prête plus à rire qu'elle n'inspire d'effroi. C'est là qu'on voit une multitude de petits anges portant sur des nuages l'Eternel, qui tomberait certainement s'il n'était soutenu de tous côtés, et principalement *sous le derrière*. Le Massacre des Innocens est encore un de ces objets près desquels le nom même de Guido Reni ne peut me retenir. Ce peintre, si célèbre d'ailleurs, a montré peu de connaissance de ce que

____

(1) La belle conséquence!

peut la tendresse maternelle , et n'a
pas tiré de son sujet tout l'avantage qu'il
présentait. Ces mères ne font que pleurer
et se désoler; aucune ne prie , aucune
ne résiste ; il n'aurait sur-tout pas dû
omettre cette dernière circonstance , car
la poule la plus faible défend ses petits
contre un aigle. Je me-rappelle d'avoir
vu à Vienne, dans la galerie du prince
de Lichtenstein, un tableau sur le même
sujet (j'ignore de quel peintre) , dont le
dessin était beaucoup plus naturel que
celui-ci. Une mère désespérée déchirait
avec ses mains le visage de celui qui
venait d'immoler son enfant. Cela était
bien dans la nature, et faisait beaucoup
d'effet (1). Celui qui a vu le tableau
des Sabines , par David, peut jeter un
coup d'œil sur le même trait d'histoire
traité par Guerchin. On reconnait au
premier coup-d'œil que ce dernier n'a-
rait pas un génie poétique, sans lequel

---

(1) Vous nous disiez tout-à-l'heure que vous n'aimiez
que les tableaux à l'eau de rose; soyez donc d'accord
avec vous-même , si la chose est possible.

on ne peut jamais devenir un grand
peintre. On s'aperçoit aisément de la
différence qu'il y a entre ces deux ta-
bleaux. Le retour de l'Enfant Prodigue,
de Spada, a un grand attrait pour moi :
ce qui me frappe le plus, c'est la figure
du fils, image vivante de la misère et
du repentir. Deux portraits de Femme,
par Léonard de Vinci, m'ont arrêté
long-temps : l'un représente l'infortunée
Anne de Boulen, qui m'intéresse plus
par ses infortunes que par le talent de
l'artiste; l'autre est madame Lise,
épouse d'un gentilhomme florentin. Si
le ciel avait encore à produire une autre
Sainte-Vierge, il n'aurait pas d'autre
modèle à choisir. Le tableau de Raphaël,
représentant deux jeunes Gens qui réflé-
chissent, est excellent, et m'a donné une
bien plus haute idée de ce grand maître
que son combat de S. Michel avec le
Diable. Je finis par le tableau de Guer-
chin, représentant Mars, Vénus et
l'Amour; ce dernier, avec un air me-
naçant, est prêt à lancer sa flèche; le

spectateur, trompé, croit qu'elle est dirigée contre lui ; il ne peut cependant se résoudre à se retirer pour éviter le coup.

Voilà à-peu-près tout ce qui m'a fait plaisir (1). Quoi ! me dira-t-on, pas un mot de Rubens, quoiqu'il y ait dans la galerie plus de cinquante de ses tableaux ; pas un mot des paysages si naturels de Vernet, des tableaux de l'Albane, de ceux d'Annibal Carrache ? Vous ne faites aucune mention de la Communion de S. Jérôme, ce tableau si fameux du Dominiquin ?.. Non, pas un mot ; j'ai déjà avoué mon faible. Ce que je regarde, que j'admire même comme un chef-d'œuvre, ne se grave pas dans ma mémoire ; je ne puis en rien dire. La Descente de Croix, par exemple, est un morceau très-estimé ; je trouve que c'est un très-beau tableau : mais je ne puis oublier que la croix chez les

---

(1) Tant pis pour vous ; cela ne fait honneur ni à votre goût ni à vos connaissances.

10.

Juifs était ce qu'est chez nous un gibet,
et qu'une descente de gibet ne sera ja-
mais du ressort des beaux-arts. Je puis
en dire autant de tous les tableaux des
martyrs dont cette galerie abonde. Un
saint rôti, écorché, lardé, quand il se-
rait peint par Dieu lui-même, est pour
moi un objet insupportable, qui me fait
éloigner au plus vite. Quant aux Pay-
sages, je fais un nouvel aveu de ma
faiblesse. A la vérité, je préfère la pein-
ture d'un paysage à sa description ;
Vernet et Hakkert (dont il n'y a point
ici de tableaux), excitent souvent mon
admiration ; mais .... il ne m'en reste
aucune impression dans l'esprit, à moins
que cela ne soit vivifié par quelque sujet
d'histoire ; alors seulement, cela mérite-
rait un souvenir, car je ne considère dans
la peinture que les tableaux d'histoire.

C'est dommage que le catalogue de
la galerie soit si fautif. Plusieurs ta-
bleaux ont des numéros inexacts ; beau-
coup n'en ont point du tout.

Avec un passe-port d'étranger dans sa

poche, on peut visiter presque journelle-
ment ce temple des arts, et comme il
n'est ouvert qu'à certains jours pour les
Parisiens, on a l'avantage de pouvoir
tout examiner sans être interrompu.

Galerie des Dessins.

En revenant de la grande galérie
dans la première salle, on entre, par
une porte latérale, dans le salon d'A-
pollon, qui est aussi d'une grandeur
immense, et qui contient une infinité
de dessins originaux, d'esquisses, de
cartons, de gouaches, de portraits au
pastel, de peintures en émail, de mi-
niatures, de vases étrusques, et autres
choses analogues. Je m'arrêterai en-
core moins ici, où il n'y a dans le fait
rien de curieux que pour l'artiste, et
j'avoue que si l'Ecole d'Athènes, de
Raphaël, m'a paru belle dans l'exécu-
tion, la simple esquisse de ce tableau
(le chef-d'œuvre de ce salon), n'a fait
qu'une très-légère impression sur moi,

à-peu-près comme les esquisses de pièces de théâtres que nous a laissées Lessing. Voilà un dessin de Passarotti. Un pilote, charmé du génie d'Homère, prie ce poëte de l'accompagner dans ses voyages, et.... Homère lui joue un petit air sur sa flûte. Je vois ailleurs deux fort beaux bas-reliefs en cire, de l'école italienne; c'est Jupiter qui foudroie les Titans, et Diane qui immole les enfans de Niobé. Il est difficile de porter l'art à un plus haut point. Plus loin est un joli dessin de Raphaël; c'est Alexandre qui offre sa couronne à Roxane; des amours voltigent autour de sa toilette, d'autre jouent avec l'armure du héros. J'ai trouvé fort plaisante l'idée d'avoir peint dans la cuirasse d'Alexandre un amour dont on voit la tête et les bras, et qui tâche de se traîner avec ce lourd fardeau. Je ne suis pas grand amateur des allégories; mais il y a ici une esquisse de Raphaël, qui concerne, dit-on, le peintre grec Appelles, et qui, indépendamment du talent de

l'artiste, fait honneur au poëte. Le sujet
de ce dessin est la Calomnie. Appelles,
à ce que raconte Lucien, fut accusé par
un calomniateur d'être entré dans une
conjuration contre le roi Ptolomée : voici
de quelle manière il se vengea. Il peignit
la Crédulité avec des oreilles d'âne,
assise entre l'Ignorance et le Soupçon;
elle reçoit amicalement la Calomnie,
qui est représentée sous la figure d'une
femme richement parée, qui tient une
torche à la main, et qui traîne après
elle l'Innocence par les cheveux; celle-
ci lève les yeux et les mains au ciel,
dont elle implore l'assistance; l'Envie,
au regard louche, la suit, pâle et déchar-
née; la Méchanceté et la Fourberie l'ac-
compagnent, en s'efforçant de la parer.
Enfin vient le Repentir en longs habits
de deuil; tout-à-coup la Vérité se
montre à lui toute nue : à cette vue, le
Repentir s'arrache les cheveux et se ronge
les ongles. L'exécution de ce dessin est
parfaite; peut-être l'allégorie serait plus
exacte si la Méchanceté était assise sur

le trône, car c'est elle qui excite toujours la Calomnie. La Crédulité serait alors compagne de l'Envie.

La Passion de J. C., par Albert Durer, est remarquable, parce que le dessin en est riche et soigné. Un Pauvre affligé, de Lucas de Leyde, est d'une vérité étonnante. Un relief d'ivoire, de van Opstal, représentant l'Enlèvement des Sabines, est un chef-d'œuvre; et les dessins de Lebrun, représentant des têtes d'hommes et d'animaux, dessins par lesquels il a voulu prouver qu'il existe des ressemblances entre les physionomies des hommes et celles des animaux, sont très-ingénieux. Poussin a eu une singulière idée lorsqu'il a dessiné un Philosophe écrivant ses principes de sagesse sur le dos d'un jeune Homme. Ces grands cadres où sont rassemblées les miniatures des personnages les plus célèbres m'ont paru extraordirement intéressans. On y trouve, de la main des plus grands maîtres, Pierre le Grand; madame de Maintenon; Louis XIV; le poëte Voiture ; l'impératrice Marie - Thérèse ; la jolie fille du jardinier de Meudon , amante de Louis ; Ninon de Lenclos , près du cardinal de Richelieu ; madame de Sévigné ; la reine Christine de Suède ; madame Deshoulières , et cent autres. Il y a toutes sortes de chefs - d'œuvre en pierres fines , de la célèbre manufacture de Florence ; sept tables de porphyre , de marbre , et de lapis lazuli , dans lesquels on a figuré des coraux , des coquillages , des vases , et autres choses semblables. Les vases étrusques sont d'un grand prix ; c'est une conquête faite sur la bibliothèque du Vatican : presque tous ces objets ont été décrits par Vinkelmann, Passeri, et Montfaucon.

Galerie des Antiques, Statues, Bustes et Bas-Reliefs.

Je finis comme j'ai commencé (1), c'est-à-dire que je fais part à mes lec-

(1) Tant pis ; cela ne vous fera pas honneur.

teurs, aussi bien que je le peux, des
sensations que j'éprouve; mais je n'em-
pêche personne d'éprouver une autre
impression, ou même de n'en éprou-
ver aucune (1). En entrant dans cette
galerie des antiques, je pensais, quoi-
que faiblement, à ces antiques monu-
mens que je découvre sous un ciel bien

---

(1) Voilà ce qui s'appelle un procédé généreux! Eh
quoi! vraiment, M. Kotzebue, vous avez la bonté de
nous permettre d'admirer encore les chefs-d'œuvre que
nous possédons, en dépit de l'anathème que vous avez
lancé contre eux; Ah! c'est aussi vous montrer trop
indulgent. Et moi, qui croyais que vous aviez la sotte
prétention de changer les idées et les opinions reçues
depuis des siècles; combien j'étais dans l'erreur! mais je
ne vous en veux plus maintenant, et nous voilà racom-
modés. Ah ça, dites-moi; quel a donc été votre but, en
publiant le résultat de vos observations? Attendu qu'elles
se trouvent presque toujours en opposition directe avec
le goût et le bon sens, quel fruit pouviez-vous en at-
tendre? Je vois ce que c'est; vous voulez passer pour un
original, un fou, peut-être?.... D'accord; si telle a été
votre intention, vous avez parfaitement réussi, et je
souhaite de grand cœur que tous les drames dont vous
daignerez enrichir la scène allemande aient un succès
aussi complet, aussi justement mérité que celui que vous
obtenez dans cette circonstance.

étoilé (1). On s'arrête tout-à-coup avec une émotion respectueuse, en voyant plus de deux cent cinquante monumens les plus fameux de l'antiquité grecque et romaine. Voilà une salle consacrée aux empereurs ; plus loin, aux hommes célèbres ; celle-ci, à Laocoon ; celle-là, à Apollon ; et enfin la dernière, aux Muses ; parce que les morceaux désignés font le plus bel ornement desdites salles.

. Je vais donc faire le tour, et dire ce qui m'a le plus frappé. Voilà une Diane en marbre de Paros ; elle est en France dès le temps de Henri IV ; c'était autrefois le seul beau morceau de l'antiquité que la France possédât. Elle paraît en colère, et saisit une flèche pour tirer un chevreuil qui fuit. On prétend qu'il y a un air de famille entre cette déesse et son frère, l'Apollon du Belvédère.

Je vais plus loin, et je trouve la statue de Julien l'Apostat, devant la-

---

(1) Je laisse au lecteur à deviner ce qu'il a voulu dire ; quant à moi, je n'ai rien compris à ce galimathias.

quelle je m'arrête plus long-temps que devant celle de Diane, au risque de faire rire les connaisseurs. La statue de Diane ne me dit rien; celle de Julien occupe mon esprit. Je te salue, grand héros! trop souvent méconnu, et que des fanatiques chrétiens ont voulu avilir par des surnoms infâmes. Tes vertus, ta philosophie, ton infortune, t'ont rendu pour jamais un objet respectable aux yeux de tout homme impartial. La ressemblance de la tête avec les médailles est parfaite; tant mieux! Je suis bien aise que Julien ait eu cette figure; on croit que les habitans de Paris ont fait faire en Grèce la statue de cet empereur, pendant qu'il vivait, pour honorer un héros qui aimait leur ville, qui avait pris la pourpre dans ses murs, qui l'avait embellie, en avait fait une capitale, et avait jeté les fondemens de sa grandeur future. Cette statue était ignorée dans l'atelier d'un sculpteur; le gouvernement l'a fait acheter pour le Muséum (1). On remarque

____

(1) M. Kotzebue se donne ici à bon marché un air

aussi Néron, empereur aussi vain que cruel; il est ici dans le costume du vainqueur des jeux olympiques, honneur qu'on sait qu'il estimait plus que le diadème. Sa tête est ressemblante; mais le statuaire l'a flatté, il a mis de la noblesse dans ses traits, qui étaient fort communs. Ha! voilà cette statue colossale de Melpomène, qui n'a pas moins de douze pieds de haut, et qui attire les regards, principalement à cause de sa

---

érudit; mais je suis bien aise de prévenir les personnes do sa nation qui liront cet ouvrage, que tout ce qui leur paraîtra raisonnable ou scientifique dans ce chapitre n'est pas de lui; il n'a eu que la peine de le copier dans les notices imprimées qu'on vend à la porte du Musée-Napoléon et des autres établissemens publics, pour l'instruction et la commodité de ceux qui les visitent.

Au reste cela ne m'a point surpris, nous sommes accoutumés à ces petits larcins que M. Kotzebue nous fait de temps en temps, avec toute l'innocence et la candeur qu'on lui connaît. Bien loin de nous fâcher, nous lui devons des remercîmens; car la preuve incontestable que ce qu'il nous prend lui paraît bon, c'est qu'il daigne se l'approprier, et le décorer d'un aussi grand nom que le sien. Ma foi, c'est fort honnête; et je crois qu'il faudrait être de bien mauvaise humeur pour s'offenser de procédés aussi nobles et aussi délicats!

grandeur; c'est, sous ce rapport, le mor-
ceau le plus remarquable qui nous
reste de l'antiquité. Elle ornait, avec ses
huit sœurs, le théâtre de Pompée. On
regarde avec plaisir un Sarcophage par-
faitement conservé, dont les bas-reliefs
sont d'un artiste habile; sur le devant,
on voit les neuf Muses, et aux deux côtés,
Calliope, muse de l'épopée, qui s'entre-
tient avec sa mère; et Erato, muse de la
philosophie, qui cause avec Socrate. Un
Faune endormi m'a paru remarquable,
parce qu'il a été trouvé enfoui dans l'em-
placement d'un palais du bon Marc-Au-
rèle, qui avait peut-être trouvé souvent
du plaisir à le regarder. Mais ce mor-
ceau a bien un autre mérite; c'est qu'on
a de fortes raisons de croire que c'est
une copie en marbre du Faune en bronze
de Praxitèle, qui était si célèbre dans
toute la Grèce, qu'on ne l'appelait que
le fameux *Périboëtos*.

Ariane endormie sur un rocher de
l'île de Naxos ne fera sur personne une
impression aussi forte que celle qu'elle

m'a fait éprouver. Cette statue est la même qui est connue sous le nom de Cléopâtre (erreur qui provient d'un bracelet en forme de serpent); la même dont il y a une excellente copie sur un pallier du grand escalier du palais de Michaïlow; la même devant laquelle je vis Paul Ier, et lui parlai douze heures avant sa mort. Ce souvenir me frappa d'autant plus, que le souverain du pays dans lequel je me trouve maintenant lui ressemble à quelques égards.

J'avoue avec plaisir que la salle des hommes célèbres m'a beaucoup plus intéressé que les dieux et toutes les déesses. C'est là qu'on trouve Zénon, le chef des stoïciens; et Démosthènes, le prince des orateurs. Ce dernier est assis, il tient sur ses genoux un livre ouvert, et paraît occupé de réflexions profondes. On voit sa lèvre inférieure trop élevée, défaut naturel qui l'empêchait vraisemblablement de s'énoncer clairement. Je vois ici Trajan, non comme empereur, mais comme philosophe; ailleurs je trouve la statue de Sextus, dont le souvenir nous est cher, comme oncle de Plutarque, et plus encore comme instituteur du bon Marc - Aurèle. Voilà Phocion, le plus modeste des héros; il est ici sans aucun ornement. Plus loin est Ménandre, le prince de la nouvelle comédie (les Grecs le nommaient ainsi); il est assis, et paraît reposer. Oh! pourquoi le temps, qui a épargné ce marbre, n'a-t-il pas respecté ses écrits! Comme ils nous viendraient à propos; car il paraît, par le peu que l'on en connaît, que nos petits Grecs modernes seraient embarrassés de savoir s'ils devraient contester toute espèce de goût aux anciens Grecs. On voit près de là Posidippe, poëte comique : il est dans la même attitude que Ménandre. Cette statue est d'une expression simple et vraie. Voilà celle d'un jeune libertin qui détruisait sa santé, et ici celle d'un homme qui s'instruisait dans l'art de guérir; Alcibiade et Hippocrate. Je les quitte avec peine, et je vais plus loin.

Y a t-il rien de plus aimable que la

statue de femme que l'on nomme Cérès, parce qu'il a plu à celui qui l'a restaurée de lui mettre des épis à la main ? Probablement elle tenait auparavant un livre, et était honorée comme la muse Clio. Une belle statue d'Uranie est près de là, et mérite bien un pareil voisinage ; on admire la délicatesse et le fini de cet ouvrage. Une Matrone romaine, dont la tête est un portrait, inspire le respect. Elle fut trouvée près de Tripoli ; c'est un des meilleurs chefs-d'œuvre qui nous restent de l'antiquité. Ce qu'on nomme le Gladiateur mourant (car il ne parait pas être un guerrier romain ou barbare, mais plutôt germain ou gaulois), est assez connu par mille copies qu'on en a tirées. C'est un de ces monumens qui ne font sur moi aucune impression (1). J'en dirai bien vite autant du célèbre Torse, et j'aurai la conscience déchargée d'une grande faute.

____

(1) Vous ne devriez pas en convenir, pour votre honneur.

Rien de plus agréable que le jeune Faune qui a des taches de métal. Son sourire vous attache, l'inexpérience de la jeunesse est peinte sur sa figure. Il a sur une joue et sur une épaule une tache qui a l'apparence de métal; c'est de là que lui vient son nom. Une jeune Romaine, coiffée comme dans les plus beaux temps de l'empire romain, ne lui cède pas en grace; la tête est un portrait. Heureux le père ou l'époux qui a eu une fille ou une compagne dont la figure était un miroir d'innocence! Peut-être cette statue était un ex-voto consacré dans un temple, ou bien elle servait d'ornement à la maison paternelle.

C'est une chose extraordinaire que lorsqu'on ne se sent pas ravi d'étonnement en voyant un objet qui a été admiré par tout le monde, on a toujours quelque crainte de publier sa pensée. C'est le cas où je me trouve relativement à la Vénus de Médicis et au Laocoon (1),

____

(1) Taisez-vous donc, profane, puisque vous sentez qu'il va vous échapper un blasphême.

Est-ce ma faute à moi, si cette Vénus me paraît une fort jolie femme-dechambre, que le fils de la maison a
suprise dans le plus grand négligé, et
qui ne fait pas de grands efforts pour se
soustraire à sa vue? Elle a les oreilles
percées, ce qui indique qu'elle pourait avoir autrefois des boucles d'oreille précieuses ; de même que la
trace qu'elle a au bras gauche prouve
clairement qu'elle avait originairement
une espèce de bracelet. On dit qu'on a
l'intention de replacer ces ornemens ,
afin d'imiter tout-à-fait le goût des anciens, qui aimaient à mêler ensemble
l'or et le marbre: cela ne me paraît pas
convenable. L'artiste qui a sculpté cette
Vénus doit être un certain Cléomènes,
qui avait si parfaitement réussi à attraper la ressemblance des jolies femmes; que Pline raconte qu'un chevalier romain était devenu passionnément
amoureux d'une de ses statues (1). Puis-

---

(1) Voyez la notice, vous y trouverez tout cela.

je empêcher que ce Laocoon n'excite en moi la même sensation que j'éprouvai dans ma jeunesse en voyant périr sur la roue un mangeur d'hommes, à Berka près Veymar ? Mais j'entends crier que je ne suis pas l'ami des arts! Certainement je les respecte; mais comme je ne suis pas venu ici pour y étudier l'anatomie, je vais plus loin sans vouloir troubler personne dans ses opinions; qu'on me laisse donc aussi la mienne, je n'en changerai pas. Je crois que les beaux arts doivent traiter de beaux sujets, et je ne puis trouver le moindre plaisir à regarder Laocoon entouré d'affreux serpens. Pour écarter l'impression désagréable qu'il a produite sur moi (1), je m'arrête devant la statue de ce beau jeune homme, qu'on appelle Pâris parce que celui qui l'a restaurée lui a mis une pomme dans la main, mais qui est certainement un prêtre du dieu Mythras, dont les mys-

____

(1) Le barbare!

lères se célébraient dans une grotte. On trouva effectivement cette statue dans une grotte près du Tibre. La draperie est parfaite. Mais cette statue est bien loin de la perfection de cette autre qui a passé long-tems pour un Antinoüs; on a reconnu l'erreur, et l'on a cru que c'était Thésée, et puis Hercule sans barbe, ensuite Méléagre; enfin on s'accorde à-peu-près à croire que c'est Mercure. Qu'il soit ce qu'on voudra, il est certain que c'est un des morceaux les plus remarquables de cette riche collection. L'harmonie entre toutes ses parties est si belle, que c'est d'après ce modèle que le Poussin a pris toutes les proportions du corps humain.

La belle Leucothoé, nourrice de Bacchus, tenant son nourrisson dans ses bras, a bien mérité que Vinkelmann l'immortalisât. Ce groupe est un des plus anciens et des meilleurs monumens grecs. Oh ! avec quelle tendresse elle regarde cet enfant ! aucune mère ne pourra la surpasser. Mais je m'arrête,

je suis devant l'Apollon du Belvédère!
Je m'humilie volontairement, j'admire
avec les connaisseurs et autres. Oui, ce
pied léger a joint le serpent Pithon, la
flèche mortelle vient de partir ; les mus-
cles du bras sont encore comprimés; la
colère est sur ses lèvres, mais la certi-
tude de la victoire est dans ses yeux;
on y voit briller le plaisir d'avoir délivré
Delphes de ce monstre. Ses cheveux tom-
bent en boucles sur son cou, ou s'échap-
pent du bandeau divin. Son carquois est
sur son épaule droite; de riches sandales
ornent ses pieds ; la chlamyde, jetée né-
gligemment, enveloppe une partie de ce
corps divin , qui est l'assemblage de la
jeunesse immortelle, de la souplesse ,
de la force, et d'une beauté noble et di-
vine (1). Oui, je m'humilie volontiers;
et je regrette , avec beaucoup d'autres,
que la manière dont on a placé ce chef-

______

(1) Cette description n'est pas mal; mais n'en soyez
pas surpris, lecteur, elle est également copiée d'après la
notice.

d'œuvre de l'art ne permette pas de le considérer de tous côtés. Pour dédommagement, on lit une belle et nouvelle inscription qui indique que cet Apollon fut trouvé à Antium, à la fin du XVe siècle ; qu'il fut placé au Vatican par Jules XI (1), au commencement du XVIe; qu'il fut conquis par Bonaparte en l'an 5 de la république, et placé dans ce local en l'an 8, la première année de son consulat. Les noms des trois consuls et celui du ministre de l'intérieur sont gravés de l'autre côté.

Je devrais presque ne plus rien dire ; car quand une fois le soleil se montre, les étoiles disparaissent. Mais ce serait manquer de reconnaissance de ne pas faire mention des Muses, qui ont leur salle à part. Pourrais-je oublier la gracieuse Thalie ? Sa couronne de lierre, son

____

(1) Il veut sans doute dire Jules second ; il a pris des chiffres romains pour des chiffres arabes. Cependant un usant tel que lui, qui tranche et décide sur tout, devrait avoir que la chronologie des papes n'a jamais compté plus loin que Jules III.

tambourin, indiquent tous deux qu'elle
est de la famille de Bacchus ; son masque
comique et sa flûte champêtre nous
rappellent qu'elle est aussi la muse
de la poësie pastorale. Près d'elle est
un beau buste de Socrate, qui ne dé-
daignait pas ses jeux, et un de Virgile,
qu'elle a tant favorisé. Non loin de là on
trouve Euripide assis ; et ce qui rend
cette statue extrémement précieuse, c'est
une inscription grecque sur la plinthe,
qui indique non-seulement le nom de
ce célèbre poëte tragique (n'en déplaise
à Schlegel et consorts), mais qui con-
tient en outre une liste de ses ouvrages.

Parmi le grand nombre de bustes de
cette galerie, j'ai distingué les statues sui-
vantes, comme étant très-remarquables,
sous le rapport de l'art ou de l'objet qu'elles
représentent. La statue colossale de l'em-
pereur Adrien ; le buste de Néron, ri-
diculement orné des attributs de la Divi-
nité (on sait que du tems de cet empe-
reur ce buste était orné de pierres pré-
cieuses ; on remarque encore de légers

enfoncemens alternativement ronds et carrés , dans lesquels ils est probable qu'on avait incrusté ces pierres précieuses) ; le buste de Commode , qu'on trouve rarement en marbre , parce que le peuple, dans sa fureur, détruisit toutes ses statues ; le beau buste de Galba ; celui , très-ressemblant , de l'ambitieuse Julia Mamméa, mère d'Alexandre Sévère , etc.

Je ne passerai pas sous silence les beaux siéges des bains antiques ; on se rappelle en souriant qu'ils servaient, dans le moyen âge , de trône pontifical , dans l'église chrétienne, et que Pie VI les rendit à la profane antiquité.

La statue colossale d'une idole égyptienne mérite bien un coup d'œil, tant à cause de la matière (elle est d'albâtre), qu'à cause de sa prodigieuse antiquité ; car il est probable qu'elle était dans un temple d'Horus (1).

---

(1) Horus ou mieux Orus, fils d'Osiris et d'Isis, fut le dernier des dieux qui régnèrent en Egypte; Isis lui apprit

Si l'on examine quelques bas - reliefs, l'Antinoüs, le Faune-Chasseur, l'Enfant avec une oie, on aura vu tout ce qui a particulièrement attiré mes regards. Malheureusement la Pallas de Velletri n'était pas encore placée quand j'ai visité le Muséum (1).

___

la médecine et l'art de la divination. Avec ces talens, Orus se rendit célèbre, et combla l'univers de ses bienfaits. Les Grecs prétendaient que leur Apollon n'était autre que l'Orus des Egyptiens ; aussi les savans le nomment-ils souvent *Orus-Apollo*.

(1) C'est dommage ; car, selon toute apparence, il ne l'aurait pas plus ménagée que la *Vénus de Médicis*. Maintenant je le demande à tout homme impartial qui aura lu ce chapitre *des Souvenirs*, pour qui M. Kotzebue l'a-t-il écrit ? Est-ce pour ses compatriotes ? Ils n'ont point de confiance en lui ; ils n'estiment ni sa personne ni ses écrits. Pour les étrangers ? Ceux qui n'ont pas vu les objets dont parle M. Kotzebue connaissent le jugement qu'en ont porté les antiquaires, les savans, les artistes et les voyageurs ; ainsi leur opinion est formée. Est-ce pour les Français ? Non ; l'auteur s'est rendu justice ; il a pensé qu'on ne jugerait pas son ouvrage digne d'être traduit, et que dès-lors il serait inconnu en France. Est-ce pour l'accroissement des lumières ? Il en a trop besoin pour lui, car vraiment le bon homme n'y voit goutte. Pour le progrès des arts ? Il n'y entend absolument rien. Pour ce

CHAPITRE VII.

Mœurs et Usages des Parisiens..

LE BOIRE ET LE MANGER.

DEPUIS que l'on ne se met plus à table pour dîner qu'à six ou sept heures du soir,

donner de l'importance? C'est tout le contraire. Pour sa réputation? Cela achève de la perdre.

Quand on est disgracié de la nature au point de demeurer insensible à l'aspect des chefs-d'œuvre produits depuis vingt siècles, naguère encore épars dans l'univers, et réunis maintenant en si grand nombre, que l'admiration même ne peut suffire pour exprimer ce qu'on sent en les voyant; on se tait, on rougit de sa sottise ou de sa nullité, et l'on n'a point le stupide orgueil d'énoncer hautement son opinion, et de consacrer ses erreurs dans un chapitre de trente pages, monument honteux d'ignorance et de mauvais goût. Le *Laocoon*, ce chef-d'œuvre des chefs-d'œuvre, regardé comme le *nec plus ultra* de la perfection; la *Vénus de Médicis*, le *Gladiateur mourant*, le *Torse antique*, etc., sont pour lui des objets révoltans, et qui lui font horreur!... Quel affreux blasphème!... Il reste froid en passant en revue les immortels on a nécessairement perdu l'habitude de goûter ; ce n'est plus que parmi les ha-

---

ouvrages des plus grands maîtres des trois écoles! Les conceptions sublimes de Raphaël, de Rubens, du Corrège, du Guide, du Dominiquin, des Carrache, du Titien, de Guerchin, etc.; le coloris, la fraîcheur, la vérité, le naturel exquis des compositions charmantes de Vernet, Teniers, Paul Potter, Gérard Dow et Schalken son élève, Berghem, Brueghel de Velours, Winants, Rembrandt, Karl du Jardin, Philippe Wouvermans, Ruisdaël, Van Huysum, etc., n'ont pas produit la moindre *sensation* sur cette âme sèche, qui n'eut et n'exprima jamais qu'une sensibilité factice.

Ah! rendons grace au ciel de ce que cet homme, qui nous qualifie si souvent du nom de *vandales*, ne se soit pas trouvé en France dans ces temps affreux que nous voudrions pouvoir effacer des pages de notre histoire; car, à coup sûr, et d'après l'esprit qui l'anime, on peut croire qu'il y aurait joué un rôle brillant à cette époque. Peut-être ne nous resterait-il plus maintenant que le souvenir des belles choses que nous possédons, et le regret éternel de les avoir perdues. Mais je m'emporte, et j'ai tort; toutes ces visions, échappées d'un cerveau en délire, ne valent pas la peine d'une réponse ou d'une réfutation sérieuse. Il est malheureusement trop clair que M. Kotzebue est privé de la plus saine partie de ses facultés, et dès-lors il faut le plaindre au lieu de se fâcher. Prenez pitié de lui, chers lecteurs; le pauvre homme est bien malade, plus malade qu'il ne pense : quant à moi, je le tiens pour mort... en France, et dans l'esprit de tous les gens de goût, de quelque nation qu'ils soient.

bitans de la province, les gens du peuple et les ouvriers, que l'on retrouve le tableau riant d'une société aimable et joyeuse, qui se rassemble gaiement autour d'une table couverte de fruits, de laitage, etc. Quel plaisir, sur-tout à la campagne ! on aime encore les scènes de ce genre à Paris, mais ce n'est plus qu'au spectacle. Les *thés* ont pris la place des goûters On appelle ainsi des repas qui se font entre deux et trois heures du matin, et où l'on trouve de tout, excepté du thé. De la viande, du gibier, des vins spiritueux, du punch, etc., voilà de quoi se compose un *thé.* Dans quelques villes de France on fait encore de grands goûters que l'on appelle *collations*, et dans lesquels on sert tout froid. On trouve dans la *Nouvelle Héloïse* la description d'un de ces goûters du bon vieux temps, que madame de Volmar donna dans son Elysée. — On m'a raconté de quelle manière devait s'y prendre un homme riche pour donner maintenant à goûter, s'il arrivait qu'il y fût obligé pour amuser ses enfans où pour tout autre motif.

Une énorme tourte, de chez *Cauchois* ou *Leblanc*, doit occuper le milieu de la table. A chaque bout un fromage à la crême, ou fouetté, ou à demi-glacé, ou garni de pistaches ; cet article doit être pris chez Mme *Labour* ou Mme *Lambert*, les deux meilleures crémières de Paris. La tourte doit être flanquée d'une douzaine d'assiettes de fruits les plus recherchés, achetés chez la veuve *Fontaine*. On place, aux quatre coins, des brioches de *Lesage*, des méringues à la crême de *Bénard*, des gâteaux d'abbesse fournis par *Georges*, et des gauffres de la boutique de *Van-Rosmall*. Viennent ensuite quatre assiettes de fruits confits, sortis des succulentes mains d'*Oudard* et de *Berthellemot* ; des pains-d'épice et massepains d'*Hémart*, confitures de *Rouget*, et gelées de *Janvel*. Mais toutes ces friandises s'arrêteraient au gosier si on ne les arrosait fréquemment avec du frontignan de *Tailleurs* et des li-

queurs de *Lemoine*. Je dois citer par-
ticulièrement et avec éloge une liqueur
parfaite, que je crois être de la crème
d'Arabie, et que l'étiquette annonce sous
le nom énigmatique et inintelligible de
velours en bouteille. Quoi qu'il en soit,
cette liqueur est délicieuse au palais et
à l'odorat ; j'en ai rapporté quelques bou-
teilles, et des gourmets de mes amis
m'ont avoué n'avoir jamais rien bu
d'aussi parfaitement exquis (1).

______

(1) Je me suis bien gardé de faire la moindre coupure
dans ce chapitre, parce que, outre qu'il servira à établir
d'une manière positive les droits de M. Kotzebue à la
présidence de la nombreuse compagnie des gourmands,
à laquelle son vigoureux appétit, la délicatesse de son
palais, et le volume de son estomac, l'appellent incon-
testablement ; les étrangers et les Parisiens même y trou-
veront un vocabulaire complet en matière de gourman-
dise, friandise, etc.; et qu'enfin il résultera de tout cela
que l'ouvrage de M. Kotzebue sera du moins bon à quelque
chose, et utile à quelqu'un.

Je suis même tenté de croire qu'en publiant ainsi
une espèce d'*abrégé de l'Almanach des gourmands*,
M. Kotzebue a eu l'intention de ralentir le succès de cet
ouvrage; qu'il a voulu sur-tout empêcher qu'on le tra-
duisît en allemand, le tout pour se venger de ce que
M. G. D. la R. a méconnu sa prééminence en gourman-
dise, et ne lui a point dédié son livre.

Le déjeûner , dit le proverbe , est
pour les amis, le dîner pour l'étiquette,
le goûter pour l'enfance, et le souper
pour l'amour ; car c'est à-peu-près à
cette heure que sonne celle du berger:
le tumulte du jour a cessé, les affaires
sont finies, le repos invite, les bougies
répandent une douce lumière, les fem-
mes sont plus aimables, plus séduisan-
tes, car le moment de leur souveraineté
approche ; c'est apparemment pour cela
que beaucoup d'entre elles ont renoncé
au grand jour. Heureux celui qui pos-
sède toute la journée une bonne femme,
ou qui, lorsque les affaires ou les devoirs
l'entraînent pendant le jour, au milieu
du torrent de la société, se retrouve le
soir à une petite table ronde, auprès
d'une compagne gaie et tendre! Les
muses sont aussi mieux disposées le
soir; l'esprit s'échappe en même temps
que le bouchon du vin de Champagne;
les bons mots jaillissent comme la fusée
d'un feu d'artifice; tout le monde a de
l'esprit, ou met à profit celui qu'il a

acquis le matin, et dont il a fourni sa mémoire.

Du moins c'était ainsi à Paris autrefois, dans ces soupers délicieux où le courtisan, le prince et le savant, se trouvaient pêle-mêle; où les rangs étaient confondus; où les grands ne se distinguaient que par un goût plus fin, un tact plus sûr, et une plus grande aisance; où le bon ton savait arrêter à propos l'ambition de chaque convive; où la beauté du jour et le poète à la mode se confondaient avec l'homme puissant et le favori du prince.

Hélas! le torrent de la révolution a tout englouti; ces repas délicieux ont été remplacés par des soupers dans les rues, où l'on ne trouvait d'autre fraternité que celle de Caïn et d'Abel; car jamais il n'y eut moins d'égalité et de liberté en France que lorsqu'elles étaient inscrites en gros caractère sur chaque maison. Mœurs, dignités, richesses, raison, esprit, tout a pris une autre direction; et s'il était encore possible de

rassembler les restes épars de ces so-
ciétés aimables, elles auraient beau-
coup de peine à retrouver leur ancien
ton.

Ces soupers sont oubliés à Paris. Et
comment peut-il en être autrement dans
une ville où l'on dîne le soir, où les
spectacles finissent à minuit, où la
rage du jeu domine, où les femmes
n'ont reçu aucune éducation, et où l'on
ne connaîtra bientôt plus que le nom
d'égards et de politesse (1)?

En vain a-t-on remplacé les soupers
par des *thés*; tous les deux ne ressem-
blent à rien, parce qu'ils ressemblent
à tout. Ni l'esprit ni la franchise ne

(1) On serait tenté de croire, en lisant ce dernier
alinéa, que M. Kotzebue, venu *incognito* à Paris en
1794, avait écrit à cette époque cette partie de *ses
Souvenirs*; et que, pressé de vendre un livre, il a trouvé
dans son porte-feuille ce fragment, qu'il a remis au li-
braire sans le relire; mais ce serait lui faire trop d'hon-
neur. C'est bien à dessein, et après avoir passé à Paris
une partie de l'hiver de 1803, dans les meilleures sociétés
où l'on a eu la bonté de le recevoir, qu'il s'est permis
cette sortie indécente, cette grossière calomnie: peut-être
est-ce là ce qu'il appelle de la reconnaissance?

trouvent leur compte dans ces repas
bâtards ; on n'y trouve ni conversation,
ni soupe ; ni bons mots, ni rôti (1). Des
mets froids et d'une aussi difficile di-
gestion que les Midas près desquels on
est assis, des calembourgs au lieu d'es-
prit, du persifflage au lieu d'épigramme,
de la licence au lieu de gaieté, et pour
complément un ton auquel les restes de
l'ancienne bonne société ne pourront ja-
mais s'habituer (2). Par-dessus tout
cela, il domine par-tout une arrogance
insupportable et qui contraste singu-
lièrement avec l'esprit républicain. Les
ducs et pairs de la monarchie étaient
beaucoup plus honnêtes que les fournis-
seurs de la république.

Les soupers ne reviendront pas, tant
que l'esprit et les mœurs ne prendront
pas une autre direction. Un homme rai-

---

(1) Que d'esprit et du finesse dans ce rapprochement?

(2) En supposant qu'en général ce que dit ici M. Kot-
zebue fût vrai, il aurait dû, par égard, par respect pour
les convenances, n'en pas parler, ou excepter du moins les
maisons dans lesquelles il a été reçu.

sonnnable n'a d'autre besoin que de dormir à deux heures du matin ; c'est précisément l'heure où l'on se met à souper. Les *thés* d'aujourd'hui sont infiniment plus préjudiciables à la santé que les soupers d'autre fois. Dans ce temps heureux on se mettait à table à dix heures, on y restait jusqu'à minuit au plus tard ; mais non pas pour se retirer aussitôt, comme l'aimable coutume d'aujourd'hui l'autorise ; après le souper, on rentrait dans le salon, on renvoyait les domestiques, et c'est alors que la conversation devenait plus piquante et plus gaie. On passait en revue la cour et les ministres, on racontait les anecdotes scandaleuses (1), et l'on répétait l'épigramme et le couplet du jour. C'était là le moment le plus agréable pour l'homme d'esprit, pour l'observateur ; rarement on jouait. Que fait-on maintenant ? l'esprit a-t-il gagné à ce changement ? a-t-il tourné au

---

(1) Jolie occupation !

profit de la gourmandise ? Ni l'un, ni l'autre (1).

Les *thés* ne diffèrent des dîners que par l'absence de la soupe et du bouilli; quelquefois cependant on sert le dernier, mais personne n'y touche. Plus ordinairement il est remplacé par un énorme morceau de viande farcie, comme, par exemple, un gigot de vingt à vingt-cinq livres. Deux autres plats, accompagnés de huit plus petits et de six hors-d'œuvres, complètent le premier service. Ensuite viennent les rôtis et les entremets, comme au dîner; et enfin le dessert. Les glaces y sont indispensables, mais il faut de préférence les prendre chez *Mazurier*, limonadier à l'entrée des Champs-Élysées. On sert également de la liqueur et du café, comme après dîner; mais le café doit être plus fort après souper, afin de tenir éveillés les convives, que la tiédeur

---

(1) La gourmandise !... *inde iræ ;* voilà le grand mot lâché.

de la conversation pourrait facilement
endormir (1). Enfin les soupers sont
tellement passés de mode, que les restau-
rateurs ne tiennent pas leurs salons ou-
verts passé dix ou onze heures du soir.
Il n'est peut-être réservé qu'au célèbre
Tailleurs de remettre cet usage en vi-
gueur. Dernièrement on a donné chez
lui un souper magnifique, et qui mérite
de trouver place dans les annales de la
gourmandise : chaque convive payait
60 liv. par tête, sans le vin (2).

Je reviens au déjeûner. Une tasse de
thé, de fleur de tilleul, ou de café à
la crême (faite à Paris), ne me parait
pas suffisante pour attendre un dîner
qui est servi plus tard que ne l'était le
souper du temps de Charles VIII. De

---

(1) Attendu que M. Kotzebue nous assure dans sa
préface qu'il ne rapporte que ce qu'il a vu, qu'il ne dit
rien que de vrai, il y a tout lieu de croire que c'est sa
présence ou ses discours qui auront produit cet effet sur
les assistans.

(2) Quelle aubaine pour M. Kotzebue !.... sur-tout si
l'on a payé pour lui.

là sont venus les déjeûners à la four-
chette, qui jadis était abandonnés aux
gens du peuple et aux voyageurs. Main-
tenant ils sont à la mode dans toutes
les grandes maisons de la nouvelle
France (1). On ne s'occupe guère des
affaires avant dix heures. Vers une
heure, on couvre une table d'acajou de
viandes froides et de plusieurs espèces
de vin. On n'y voit comme mets chauds,
que des pigeons à la crapaudine, des
poulets à la tartare, des petits pâtés au
jus, des rognons au vin de champagne
(mets exquis!) (2) et des saucisses.
En revanche on y voit des pâtés de jam-
bon, des pâtés de gibier, des salades
de volailles, et pour commencer, des
huitres du fameux *Rocher de Cancale.*
Le pauvre rentier ou le modeste enfant
des muses ne peut assurément se faire
servir un pareil déjeûner ; les revenus

---

(1) Encore une injure !

(2) C'est bien heureux ! Ecrivez que M. Kotzebue
aime les rognons au vin de Champagne.

du premier n'y suffiraient pas pendant
huit jours ; et l'imagination du dernier
succomberait sous le poids des pâtés (1);
car, comme a dit Boileau :

Horace a bu son soul, quand il voit les ménades.

mais alors le satyrique ne songeait pas
aux déjeûners d'aujourd'hui. Une trop
grande tempérance engourdit les esprits
vitaux, mais une nourriture trop suc-
culente et trop abondante leur est infini-
ment nuisible. Il faut au littérateur un
déjeûner léger, mais assez substantiel
cependant pour entretenir son imagina-
tion, et ne pas garnir son estomac de ma-
nière à ne pas faire honneur au dîner
dans lequel il doit figurer. Le chocolat
réunit ce double avantage. Il y a vingt
ans, cette friandise était réservée pour
les vieillards ; maintenant c'est le dé-
jeûner de tous ceux qui ne sont pas assez
riches pour faire débauche, ou qui veu-
lent se conserver l'esprit frais. De là vient
que ce poison des dieux, qui ne se fabri-

____

(1) Pensée noble et poétique !

quait autrefois que dans les pharmacies, ou tout au plus dans trois ou quatre boutiques bien connues, est maintenant tripoté dans tous les taudis ; ensorte que l'on court risque à chaque instant de s'empoisonner, ou de souffrir au moins de violentes coliques d'estomac ; car on vend à Paris du chocolat dans lequel il y a de tout, excepté du cacao. Le meilleur se trouve chez Bauve , rue Saint-Dominique , n° 1020. J'indique particulièrement cette adresse aux personnes attaquées de la pulmonie , parce que l'on y fabrique un chocolat de santé reconnu très-salutaire dans ces sortes de maladies. On en prend de très-bon aussi au Palais-Royal , chez Corazza.

Le dîner est, comme chacun le sait, l'affaire la plus importante de la vie(1), en ce qu'il se renouvelle trois cent soixante-cinq fois par année. Aujourd'hui sur-tout qu'il a lieu si tard, les figures

----

(1) Apparemment pour M. Kotzebue !... Cependant cela ne l'empêche pas de regretter les soupers.

s'alongent, quand par hasard il est re-
tardé par un motif ou par un autre ;
mais elles reprennent bientôt leur séré-
nité et un certain air joyeux, quand le
maître d'hôtel entre dans le salon, avec
la serviette sous le bras , et annonce que
madame est servie. Après quelques cé-
rémonies, que l'on abrège en mettant les
noms sur les serviettes (usage qui de-
vient souvent désagréable aux convives,
en ce qu'il les place quelquefois auprès des
personnes qu'ils n'eussent pas choisies),
on sert la soupe bouillante (car c'est
là son principal mérite) ce qui fait que
l'on se brûle nécessairement le gosier ,
à moins qu'il ne soit pavé de mosaïque,
ou que l'on n'ait reçu de la nature les
mêmes privilèges que l'Espagnol incom-
bustible; aussi est-ce un spectacle assez
original de voir chacun faire la grimace
en avalant ce feu fluide. Vient ensuite
le bouilli avec la sauce aux tomates ou
la moutarde apéritive de Maille ; mais
comme je l'ai dit plus haut , on n'y
touche presque jamais, sans doute parce

que le potage qui l'a précédé a épuisé
la meilleure partie de son suc. Tandis
qu'on découpe les relevés que l'on met
à la place des soupes , on mange les
entrées,dont je ne donnerai pas les noms,
car ils sont intraduisibles, Je préfère à
cela l'usage du nord , dans lequel les
viandes sont découpées d'une manière
plus propre et plus ragoûtante (1) , par
des écuyers tranchans,et servies sur des
plats que l'on fait passer à la ronde , ce
qui épargne aux convives l'ennui des
complimens et des cérémonies. A Paris,
c'est le maître de la maison qui sert, ou
bien souvent celui des convives devant
lequel chaque plat se trouve posé. On
n'ose pas se servir soi-même, et il faut

---

(1) Encore un petit compliment en passant. On sait que,
dans presque toutes les maisons de Paris, ce sont les dames
qui font les honneurs de la table, et qui généralement
s'acquittent de ce pénible emploi avec toute la dextérité,
la politesse et les graces que l'on connaît aux Françaises.
M. Kotzebue leur préfère de grands vilains laquais, qui,
pour l'ordinaire, n'ont pas les mains très-propres: cela
lui semble plus *ragoûtant*. Chacun a sa manière de voir;
mais félicitons-nous de n'avoir pas la sienne.

que chacun attende patiemment ce que l'on veut bien lui adresser (1). Le rôti doit être faisandé, c'est-à-dire qu'il doit avoir un peu d'odeur. Pendant le premier service, on offre du vin de Bourgogne, de Bordeaux et de Champagne. Les entremets composent un service à part. D'énormes pâtés de Toulouse, de Strasbourg et de Périgueux, occupent le milieu; ils exigent en les découpant une attention et une adresse particulières ; ils sont accompagnés de légumes accommodés avec infiniment d'art. Aux deux extrémités sont des crêmes et des pâtisseries pour les femmes et les enfans ; les gourmands de profession (2) ne tou-

____

(1) Faites-vous l'idée d'un repas de cinquante couverts dans lequel chaque convive sauterait sur le plat qui lui conviendrait le mieux... Le beau coup-d'œil !... Quelle confusion !.. quel désordre !... mais sur-tout quel désespoir pour vous, M. Kotzebue ! Comment feriez-vous alor pour goûter de trente-cinq à quarante plats, comme vous avouez l'avoir fait chez le consul Cambacérès ? Rétractez vous donc bien vite, et convenez que cette partie de usages français est au moins avantageuse pour les gourmands.

(2) Tels que vous... monsieur !

chent point à toutes ces bagatelles ; ils finissent ordinairement par le'rôti. Je ne dois pas oublier de dire qu'il se fait dans toutes les maisons riches une très-grande consommation de truffes. On en trouve souvent dans des mets où l'on ne les cherche pas ; d'autres fois on en sert sous leur véritable forme.

Maintenant venons au dessert, qui peut, à lui seul, faire la réputation d'un artiste habile ; car pour en composer un qui réunisse la bonté à l'élégance, il faut être à-la-fois peintre, décorateur, fleuriste, et sculpteur. On a donné à Paris des fêtes dans lesquelles le dessert seul à coûté 30,000 liv. encore n'offrait-il rien de flatteur que pour les yeux ; les gourmands y trouvaient à peine un morceau de fromage de Rocfort. Les glaces et le café mériteraient une attention particulière ; mais dans les meilleures maisons, le café que j'ai vu servir avait rarement conservé tout son parfum (1) ; aussi

______

(1) Apparemment il n'a pas goûté de café sans ébullition.

préfere-t-on un verre de liqueur de *Le-
moine*, qui est la meilleure après celle
des îles ; elle laisse dans la bouche,
long-temps après l'avoir bue, une odeur
suave, aussi agréable, selon moi, que
tous les parfums de l'Arabie.

J'ai vanté l'excellence des cuisines
particulières de Paris, mais que le lec-
teur n'imagine pas pour cela que celle
des restaurateurs leur soit inférieure en
aucune manière. Je ne connais rien de
plus agréable que l'ordre établi chez eux.
Depuis quatre heures jusqu'à sept, et
même plus tard, on trouve les mets les
plus délicats tout préparés et prêts à servir.
On entre dans un salon, et souvent dans
plusieurs, très-élégamment décorés, et
ornés de glaces et de colonnes. Les murs
sont garnis de jolies petites tables pour
une ou deux personnes, et assez rappro-
chées l'une de l'autre pour que l'on puisse
lier conversation avec son voisin si l'on
en a la fantaisie. Des garçons propre-
ment vêtus circulent par douzaines
dans ces salons. Dès que l'on est entré,

et que l'on témoigne l'intention de se placer à une table, un des garçons vous apporte la carte (on appelle ainsi la liste des mets du jour et des différentes espèces de vins , avec le prix de chaque portion) , on choisit, et les étrangers qui ne savent pas le français sont servis tout aussi promptement que les autres ; il leur suffit d'indiquer du doigt les mets qu'ils desirent : le garçon part comme un trait, et vous rapporte , au bout de deux minutes, ce que vous avez demandé. S'il arrive que l'on choisisse un plat dont la cuisson ou l'apprêt exige plus de temps , le garçon vous prévient encore et vous dit combien de minutes il vous faut attendre. Pendant ce temps vous passez en revue la société , ou vous lisez un journal , car il y en a toujours là quelques-uns , ou vous calmez votre appétit avec un autre mets. Au reste , que l'on mange peu ou beaucoup , que l'on boive du bon ou du mauvais vin , que l'on choisisse les mets les plus chers ou ceux qui coûtent le moins , on n'en est pas servi moins proprement et avec moins de politesse. Quand on a fini de manger, on demande la carte payante; le garçon vole au comptoir, et dit à la maîtresse que le monsieur placé à la table de tel ou tel numéro veut payer. Cette femme, que l'on nomme *limona-dière* (1), et que l'on place au comptoir, est très-nécessaire dans les cafés et chez les restaurateurs. Elle est assise sur une espéce de chaise, élevée sur une estrade; elle a devant elle de l'encre, des plumes et beaucoup de petits morceaux de papier. Dès que quelqu'un arrive, elle lui destine une de ces listes, sur laquelle elle inscrit tout ce qu'il demande, à mesure que le garçon le sert. Je laisse à penser combien de fois, sur-tout chez un res-taurateur en réputation, elle est obligée

---

(1) Nous avions cru qu'on n'appelait ainsi que les femmes qui tiennent un café; mais il plaît à M. Kotzebue de baptiser de la même manière celles qui sont placées dans les salons des restaurateurs. Remercions-le de la peine qu'il veut bien prendre; car, il faut en convenir, son livre nous instruit de beaucoup de choses que, sans lui, nous aurions ignorées long-temps encore.

de sauter d'un papier à un autre (1). Alors, quand on demande la carte, elle n'a plus rien à faire qu'à tirer la somme et envoyer la note à chaque convive, qui peut la confronter avec la carte imprimée, pour s'assurer de l'exactitude des prix. La *limonadière* a devant elle tout ce qui compose le dessert ; elle paraît comme retranchée derrière une ligne d'assiettes couvertes de fruits, de crèmes, biscuits, compotes, etc.

Je recommande à chaque voyageur de dîner au moins une fois chez *Grignon,* près le Palais-Royal ; non pas que sa cuisine soit meilleure que les autres, ou son nom plus fameux, mais parce qu'il a deux filles fort jolies, qui sont au comptoir dans chacune des salles, et dont la modestie est si grande, que je parierais qu'elles ignorent comment est fait un seul des convives qui y viennent chaque jour par centaine ; elles tiennent les yeux si constamment baissés, que jamais,

---

(1) Voilà une observation profonde !

j'en suis sûr, elles n'ont remarqué les regards amoureux qu'on jette sur elles, et cependant elles remplissent leur office avec toute la grace et la politesse imaginables. On trouve chez *Grignon* beaucoup d'Allemands ; la nourriture y est bonne, le vin médiocre, et les prix modérés.

Pour donner au lecteur une idée exacte du dîner qu'il peut faire chez un fameux restaurateur, je vais rapporter sommairement une des cartes de *Véry*, qui ne passe plus pour le premier du Palais-Royal, depuis que *Naudet* s'y est établi. On a d'abord à choisir entre neuf espèces de potages, qui sont suivis de sept espèces de pâtés. Ceux qui n'aiment pas la pâtisserie peuvent se régaler d'huîtres à dix sous la douzaine, car il y a dans l'antichambre des femmes qui ne font autre chose que de les ouvrir. Suivent vingt-cinq espèces de hors-d'œuvres, presque tous froids ; cependant on y distingue les pieds de cochon à la Sainte-Menehould, les saucisses, boudins, an-

douilles, choux-croutes, poissons mari-
nés, etc. ; mais la base du diner est le
bouilli assaisonné avec vingt sauces dif-
férentes, ou le biffteck avec toutes ses va-
riations. Quand on s'est d'abord fait un
fond solide avec une bonne partie de ce
que j'ai cité, on peut choisir dans trente-
une entrées de volailles sauvages ou do-
mestiques, et vingt-huit de veau ou de
mouton ; ce choix est d'autant plus dif-
ficile, que l'on ne connaît pas toujours
les termes techniques. Par exemple, qui
pourrait deviner ce que c'est qu'une
mayonnaise de poulet, une *galantine de
volaille*, ou une *épigramme d'agneau*.
Souvent trompé par ces noms bizarres,
il arrive que l'on se fait servir des mets
qui ne remplissent pas l'attente du palais
ni du gosier. Il en est de même du
poisson, dont on compte vingt-huit es-
pèces différentes, anguilles, morues,
carpes, saumons, esturgeons, brochets,
goujons, cabillauds, merlans, maque-
reaux, perches, moules, turbots, soles,
raies, aloses, éperlans, sont offerts le

même jour à votre appétit et à votre gour-
mandise. Il faut convenir que les ama-
teurs de poissons ne sont pas mal à Paris.
Le rôti réclame ensuite son tour; il y en
a de quinze espèces, parmi lesquelles se
distinguent le chapon gras de Norman-
die, les poulardes du Mans, les perdrix
rouges ou bartavelles, et les bécasses.
Après le rôti, nous ne devons pas oublier
les entremets, qui, sous quarante-quatre
formes différentes, viennent tenter un
gosier friand. On y trouve tous les lé-
gumes de la saison, et même ceux qui
n'en sont pas, car on peut se procurer
en tout temps des asperges et des petits
pois; des œufs accommodés de cent ma-
nières, des crèmes, des truffes au vin
de Champagne, du macaroni, des
champignons, des écrevisses, et des
compotes. Je défie le mangeur le plus
intrépide de conserver de l'appétit en
sortant de diner chez ce restaurateur;
mais s'il restait encore une petite place
dans son estomac, elle serait bientôt
remplie par le choix qu'il pourrait faire

dans trente-un plats de desserts (1).
Pour humecter un tel repas, on peut

---

(1) Au plaisir que notre voyageur paraît avoir éprouvé chez les restaurateurs de Paris, et à la complaisance avec laquelle il entre dans les moindres détails, ne semble-t-il pas voir l'original de cette jolie gravure intitulée : *Le Gourmand*, dans laquelle un gros homme, assis à une grande table, et entouré des mets les plus friands et les plus recherchés, sourit alternativement à chaque plat, le regarde avec convoitise, et le dévore.... des yeux seulement, car il ne trouve plus de place dans son estomac? En opposition avec ce tableau, qu'on se figure ensuite M. Kotzebue de retour à Berlin, seul dans son cabinet, où il s'occupe à composer l'ouvrage immortel dans lequel il fait part à l'univers de ses observations sur la France; qu'on se le représente au milieu des cartes de *Robert*, de *Naudet*, de *Véry*, étalées sur son bureau, et sur lesquelles il ne peut plus prendre que des notes: chaque plat qu'il passe en revue lui rappelle ses jouissances passées; son palais délicat cherche vainement à ressaisir l'arrière-goût des succulentes choses avec lesquelles il a fait connaissance; il ne lui en reste plus qu'un souvenir vague et désespérant : car qu'est-ce que le passé pour un gourmand? Je crois le voir l'œil en arrêt, la bouche béante! Le supplice de Tantale n'est rien en comparaison du tourment qu'il éprouve!... Cette idée me paraît drôle, et je l'adresse particulièrement aux graveurs. Il me semble que l'exécution en serait piquante; du moins, elle nous vengerait gaiement des mensonges grossiers du dramaturge allemand.

choisir entre vingt-deux espèces de vin
rouge et dix-sept de blanc. Ensuite, on
peut le terminer avec du vin de liqueur,
dont on vous offre une longue liste; mais
on ne le sert que dans de petits verres (1).
Après le café, on peut choisir dans seize
espèces de liqueurs celle qui paraît la
plus digne de la préférence.

Ce n'est que chez les premiers res-
taurateurs que l'on est servi aussi ma-
gnifiquement. J'ai dîné souvent chez
Véry et chez *Naudet*, je ne me suis
rien refusé (2), et je n'ai jamais dépensé
plus de 10 à 12 livres. Quand on amène
un ami avec soi, on a l'avantage de
doubler le nombre des mets, en ne de-
mandant qu'une portion pour les deux.

Celui qui est forcé, par la modicité
de ses revenus, de chercher une exis-
tence moins chère, en trouve encore fa-
cilement le moyen à Paris. Il y a un
très-grand nombre de restaurateurs chez

____

(1) Et M. Kotzebue aime les grands! Voilà le diable!

(2) C'est bien intéressant pour le lecteur!

lesquels on a pour 40 et même pour
36 sous, la soupe, le bouilli, deux en-
trées, entremets, du pain à discrétion,
du dessert, et une demi-bouteille de bon
vin ; et l'on a le choix entre quinze à
vingt plats différens. J'en ai essayé deux
ou trois fois, et j'avoue que je ne con-
çois pas comment on peut être aussi bien
servi pour un prix aussi modique. Je ne
dois pas terminer cet article sans parler
d'un lieu que l'amitié, l'hospitalité, et
la gaieté réunies, m'ont rendu cher à
jamais, et qui ne s'effacera point de ma
mémoire : je veux parler d'un cabaret
nommé le *Rocher de Cancale*. Il s'y
réunit une très-bonne société, parce
qu'on trouve-là les meilleures huîtres de
Paris, que l'on mange à son aise dans
de petits cabinets où l'on peut se ren-
fermer avec sa société, avantage que
l'on trouve chez presque tous les restau-
rateurs. C'est là que j'ai passé des heures
agréables, avec Duval et Bouilly, dont
les ouvrages sont vus avec plaisir sur
nos théâtres ; avec Arnault, Andrieux,

Picard, et Longchamp ; avec l'intéres-
sant Talma, le facétieux Michot, et
plusieurs autres. C'est dans ce lieu, où
l'horizon n'était obscurci par aucun nuage
politique, que je fus initié dans les mys-
tères du calembourg. Je ne puis omettre
ici la réflexion qui échappa un jour à
l'un des joyeux convives qui assistaient
à nos déjeûners : « Notre réunion est
« peut-être la seule vraiment gaie qui
« existe en ce moment à Paris ! »

L'HABILLEMENT.

Je commence par rapporter un dia-
logue plaisant que madame de Genlis a
inventé ou entendu quelque part. Une
ci-devant marchande de paniers et de
vertugadins était assise sur un banc des
Tuileries, à côté d'un tailleur de corps.
La première aborde le dernier et lui dit :

LA MARCHANDE.

Monsieur demeure-t-il dans ce quar-
tier-ci ?

LE TAILLEUR.

Oui, madame. Et vous aussi ?

LA MARCHANDE.

Hélas ! j'y étais autrefois très-connue ;
je tenais le Cerceau d'or.

LE TAILLEUR.

Cette grosse boutique à main droite,
là, où l'on vendait des paniers de femme ?

LA MARCHANDE.

Justement. Nous étions là de père en
fils depuis cinquante-six ans ; mais la
révolution. . . .

LE TAILLEUR.

Hélas ! oui. *Adieu paniers, vendanges
sont faites.* Moi, j'étais tailleur de corps,
et ma femme faisait des bonnets à car-
casse.

LA MARCHANDE (*soupirant*).

Quand on compare le temps passé
avec celui-ci. . . .

LE TAILLEUR.

Quelle différence !

LA MARCHANDE (*regardant une jeune personne
qui passe devant elle*).

Ah ! bon Dieu ! regardez-moi cette
figure.

LE TAILLEUR.

Cette dame en robe de linon ?

12*

LA MARCHANDE.

Oui; du linon sur la chemise, au mois de mars!

LE TAILLEUR.

Cela se voit aussi dans le mois de janvier.

LA MARCHANDE.

Comme elle est fagotée! Regardez, je vous prie, comme cette robe lui serre les cuisses.

LE TAILLEUR.

Oui, c'est comme une culotte.

LA MARCHANDE (*se cachant avec son éventail*).

Fi, l'horreur!

LE TAILLEUR.

Cela se fait ainsi pour dessiner les formes, non pas celles de la taille, mais....

LA MARCHANDE.

Fi donc! Fi donc!

LE TAILLEUR.

Les enfans même suivent cette mode ridicule. Hier, ma petite fille, âgée de six ans, en jouant avec sa sœur, mit sa jupe et sa chemise par-dessus sa tête; je la grondai, elle me répondit : *Papa, je me drape.*

LA MARCHANDE.

C'est un enfantillage !

LE TAILLEUR.

Oui ; mais nos jeunes femmes et nos filles ne sont occupées qu'à singer les Grecques, ou à se draper comme des statues ; elles ne veulent plus porter maintenant qu'une simple mousseline bien claire et sans apprêt.

LA MARCHANDE.

Oui, tout ce qui est ferme est passé de mode. Quelle différence ! comme les robes étaient jolies autrefois, quand elles se tenaient roides comme du papier ! J'ai une tante qui mettait à l'empois les robes des dames de la cour ; et maintenant, malgré son grand talent, elle n'a pas de quoi vivre.

LE TAILLEUR.

C'est tout simple, parce qu'avant tout, les vêtemens d'aujourd'hui doivent ressembler à un linge mouillé, afin de coller plus parfaitement sur la peau.

J'espère qu'incessamment elles se montreront en sortant du bain, afin de dessiner encore mieux les formes. Déjà elles se lavent la tête au lieu de la friser, et certe elles n'en resteront pas là.

LA MARCHANDE.

Oui, oui ; la tête emportera le reste.... Il n'est pas difficile de se jeter dans l'eau quand on n'a qu'une chemise sur le corps.

LE TAILLEUR.

Quelle suite cela aura-t-il ?... On se passera de blanchisseuses.

LA MARCHANDE.

Ah ! mon Dieu ! cela est affreux, épouvantable ! J'ai justement deux filles qui sont blanchisseuses, les voilà ruinées !

LE TAILLEUR.

Et moi donc, j'ai un fils coiffeur.

LA MARCHANDE.

Hélas ! on ne porte plus de poudre.

LE TAILLEUR.

Convenez que les choses ne peuvent pas demeurer ainsi.

LA MARCHANDE.

Mais à quoi pense donc le gouvernement ?

LE TAILLEUR.

Dieu le sait ! Mais si l'on ne rétablit pas les paniers et les corsets, les mœurs sont perdues à jamais en France.

LA MARCHANDE.

Cela est évident.

LE TAILLEUR.

Le costume ancien ! le costume ancien ! il avait été imaginé pour retenir un peu les femmes trop passionnées. Quand une jeune personne avait deux grandes poches qui pesaient cinq à six livres, des talons de quatre pouces de haut, un corps bien baleiné et bien dur, qui la serrait comme une cuirasse ; quand elle portait un panier de six aunes de tour, une coiffure de deux pieds d'élévation, une robe d'une étoffe bien ferme et bien épaisse, une collerette ou fraise montée sur du fil de laiton, qui lui tenait la tête roide de manière qu'elle ne pût la tourner ni à droite ni à gauche ; un bouquet énorme devant la poitrine , des boucles d'oreilles en diamans, larges comme la main : je vous demande si elle pouvait avoir les manières aussi lestes et l'air aussi évaporé qu'aujourd'hui.

LA MARCHANDE.

Certainement ; au milieu de tout cela une femme était comme dans une citadelle : la plus légère tenait nécessairement alors les hommes les plus entreprenans à une distance respectueuse.

LE TAILLEUR.

Sans doute. Alors elle craignait de déchirer ses dentelles, de se dépoudrer, ou de chiffonner sa robe; au lieu qu'actuellement.....

LA MARCHANDE.

Oh ! maintenant elles peuvent faire tout ce qui leur plaît; on ne s'en aperçoit pas après. Mais conçoit-on comment des pères, des maris, ont pu permettre que les femmes fussent ainsi déshabillées ?

LE TAILLEUR.

Quant à moi, je n'ai rien à me reprocher ; j'ai prédit la révolution du moment que j'ai vu que les corsets prenaient la place des corps baleinés.

LA MARCHANDE.

Et moi aussi lorsque l'on rapetissa les paniers.

Cette conversation suffit pour faire sentir tout le ridicule du costume du jour, auquel les yeux du libertin trouvent à la vérité leur compte, mais que le diable lui-même n'eût jamais osé imaginer.

L'habillement que l'on nomme aujourd'hui décent n'aurait pas été permis il y a cent ans aux femmes publiques. Si cela continue (et qu'est-ce qui s'y oppose ?), nos descendans habilleront leurs filles pour rien. On rit aujourd'hui, en songeant que dans un siècle peut-être on ne sera vêtu que d'une feuille de figuier ; et cependant il y a moins de distance entre cette feuille et la chemise transparente d'aujourd'hui, qu'il n'y en avait entre les paniers que l'on portait il y a vingt-cinq ans et le costume actuel. Aussi j'espère qu'avec l'aide de Dieu, nous ne nous arrêterons pas en si beau chemin.

A la vérité, des hypocondriaques croient devoir demander au ciel de rendre la température de nos climats plus douce, afin que nous puissions jouir à l'aise des belles nudités. Moi, je crois que l'on étend beaucoup trop loin les craintes que l'on manifeste sur le tort que les vêtemens actuels peuvent faire à la santé. L'homme et la pomme de terre s'accoutument à tout (1).

J'ai vu le beau sexe de Paris lutter, avec un courage qui tient du prodige, contre l'intempérie des saisons. La santé est à la mode maintenant, les femmes ne se plaignent plus du vent, on n'entend plus parler de vapeurs, les belles se portent le mieux du monde, elles boivent et mangent avec beaucoup d'appétit, la migraine ne dérange plus aucune partie de plaisir, et si l'on se rappelle qu'il y

____

(1) Voilà, j'espère, un rapprochement d'un genre neuf.

a vingt ou trente ans on ne pouvait ja-
mais être cértain que des maux de nerfs
ne vinssent pas déranger les plaisirs de
toute une société, on saura gré aux
femmes d'aujourd'hui de leur complai-
sance, et sur-tout de leur santé.

On ne met plus de rougé, la pâleur
est plus intéressante. On appelle cela
une figure à la Psyché (d'après le ta-
bleau de Gérard). Les dames ne se
servent plus que de blanc, et laissent le
rouge aux hommes. Ce jeune Titus qui
affecte la plus grande simplicité, qui a
banni la poudre, les odeurs, et les vête-
mens de soie, a conservé précisément
de l'ancien costume ce qui appartenait
essentiellement aux femmes; ce teint
vermeil, qui contraste si admirablement
avec sa perruque noire, est emprunté.

Après le bain, les dames emploient
le savon des sultanes, ou ekmeleck; l'es-
sence de rose, l'huile antique, et une
certaine eau merveilleuse des demoi-
selles Mathieu, laquelle a l'heureux pri-
vilège de rendre la jeunesse aux vieilles

et de donner la beauté aux laides. Chaque partie du monde paie son tribut à la toilette ordinaire des Parisiennes : drap anglais, schalls d'Egypte, souliers d'Irlande, sandales romaines, mousselines des Indes, dentelles de Malines, broderies de Lyon, soieries de Turin. On porte les cheveux à la Titus, ou un chignon à la Nina, ou un bonnet au repentir d'Eulalie (1).

Les boucles de cheveux se nomment maintenant *morales*, *religieuses*, ou *sentimentales*. Les houpes que l'on porte sur le sommet de la tête s'appellent *tempérament*, ce qui fit dire dernièrement à un plaisant : « Nos femmes ont quitté « le sentiment ; elles n'ont plus que du « tempérament (2). »

____

(1) Sans doute c'est de toutes les modes nouvelles celle qui a le plus frappé ce grand observateur ; parce qu'elle a doucement remué ses entrailles paternelles, en lui rappelant son plus beau titre à la gloire dont il jouit comme écrivain *moral*.

(2) J'en suis fâché pour le plaisant, quand même ce serait vous, M. Kotzebue ; mais ce n'est là qu'une sottise.

Il n'y a que les femmes d'un certain genre qui portent des schalls de casimir et des voiles de dentelle, le reste est abandonné *aux espèces* (1). La grande parure est très-simple, point de fard, point de poudre, les cheveux en désordre, un diadême en brillans, une tunique de dentelle, point de corps, point de paniers, et beaucoup de fleurs.

Voici ce que j'ai remarqué sur le costume de cour. J'ai vu, chez le deuxième consul, madame Talleyrand au milieu de plusieurs dames très-parées ; elle portait une robe ronde en velours noir, et faite comme une redingotte de voyage ; tout ce que je puis dire, c'est qu'elle était particulièrement distinguée de toutes les autres dames (2).

Il faut à une petite-maîtresse, dit un

---

(1) Ce n'est pas dans la bonne compagnie qu'il a entendu qu'on se servît de semblables expressions.

(2) Il y a encore là-dessous quelque finesse dans le genre de l'auteur ; mais ma faible intelligence ne va pas jusqu'à deviner ce qu'il a voulu dire. Au reste, j'oserais parier d'avance que nous n'y perdons rien.

journaliste malin, trois cent soixante-cinq coiffures par année, autant de paires de souliers, six cents robes, et douze chemises (1). Les meubles doivent être grecs, romains, étrusques, turcs, arabes, chinois, persans, égyptiens, anglais, gothiques, enfin de toutes les nations, pourvu qu'ils ne soient pas français (2). Ils doivent coûter 50,000 l. par année (3), non compris le lit, qui lui seul doit coûter 20,000 livres. Elle dépense 30,000 liv. pour ses loges aux

(1) Assurément, il n'est pas un Français qui eût poussé l'impertinence à ce point ; il n'y a qu'un homme sans politesse, sans goût, sans mœurs ; un homme dépourvu de tout sentiment des convenances, qui ose se permettre une semblable grossièreté.

(2) Je ne sais où M. Kotzebue a appris qu'il y eût des meubles français. Les ouvriers de cette nation s'appliquent à imiter tout ce que l'on connaît de bien, dans quelque genre que ce soit et de quelque peuple que cela soit emprunté. Certe, n'en déplaise à cet insipide frondeur, les meubles que l'on fabrique aujourd'hui à Paris sont pour le moins aussi solides, aussi commodes, aussi élégans, que ceux de nos ancêtres. Par exemple, ils sont un peu plus chers, c'est là surement ce qui fâche M. Kotzebue.

(3) Il suppose, d'après cela, que les femmes dont il parle ont 2 ou 300,000 livres de rente.

spectacles et l'insertion de quelques ar-
ticles à sa louange dans les journaux,
mais il ne lui en coûte pas 100 francs
par année pour de bons ouvrages (1)
ou pour de bonnes œuvres (2).

Depuis que les chemises sont passées
de mode (3), un équipage élégant est
devenu une chose de première néces-
sité pour les femmes du jour. Cela
ne s'appelle plus un carrosse : on a lo
matin un Carrick, le soir une diligence
(ces dernières sont très-basses) ; on va
le matin à la promenade en tape-cul,
au spectacle en berline, à une fête pu-
blique dans un char, chez ses créan-

---

(1) A coup sûr, ceux de M. Kotzebue ne seraient pas du
nombre.

(2) La meilleure que pourraient faire les dames aux-
quelles s'adresse cet éloge, serait de se cotiser pour faire
étriller d'importance le faquin qui les traite d'une ma-
nière aussi leste, si jamais il s'avise de reparaître en
France.

(3) C'est passer toute mesure, et je ne connais que des
gestes qui puissent répondre à cela. Il l'a bien senti, car
il s'est mis hors de la portée, et malheureusement nous
n'avons pas le bras assez long ; mais cela peut se re-
trouver.

ciers en demi-fortune, chez son mari en dormeuse, et chez son amant en diligence (1). Les dames qui sont assez malheureuses pour ne point posséder d'équipage vont se promener le matin en habit d'amazone, la tête couverte d'une espèce de bonnet à la hussarde (2), et des brodequins aux pieds. Pendant quelque temps il était à la mode de sortir avec un livre à la main, comme si l'on voulait lire sous un arbre.

La fourrure paraît reprendre faveur, même les manchons (3), ce qui contraste singulièrement avec le reste de l'habillement, qui semble entièrement voué aux zéphyrs.

On ne porte plus de ridicules, ce qui augmente encore l'embaras des femmes, qui ne savent que faire de leurs mouchoirs.

____

(1) Ceci me paraît trop spirituel pour être de M. Kotzebue; en tout cas, si cette plaisanterie est d'un Français, il est indécent qu'un étranger la répète et la publie.

(2) En voilà la première nouvelle.

(3) Où a-t-il vu cela? Mettez donc vos lunettes, monsieur l'observateur.

Une mère demandait dernièrement à sa fille : « Pourquoi souffres-tu que « ce gros homme, qui servirait de mo-« dèle à un clocher (1), soit sans cesse « sur tes pas ? Eh ! mais, repartit la « fille, il faut bien que je me mou-« che (2) ». Le monsieur portait son mouchoir.

Malgré le grand nombre de modes, toutes plus ridicules les unes que les autres, qui se succèdent à Paris, il y a cependant un quartier de cette ville où elles sont presque ignorées, je veux parler du *Marais*. C'est là que vivent les personnes qui ne jouissent pas d'une grande aisance. Là règne encore la sim-plicité et la décence dans l'habillement ; c'est là que sont des demoiselles bonnes

---

(1) Oh ! pour le coup, voilà du Kotzebue tout pur. A la finesse de ce trait on le reconnaît sans peine, et l'on est bien sûr qu'il n'a pas puisé ceci dans un journal fran-çais.

(2) La chute est admirable. J'aime à croire qu'en Alle-magne, comme en France, il n'y a qu'un même mouve-ment pour exprimer ce que l'on sent en lisant de pareilles platitudes ; c'est de hausser les épaules.

et modestes que personne n'épouse (1). Celui dont la fortune diminue se réfugie au Marais ; mais il le quitte aussitôt que ses affaires deviennent meilleures ; sur-tout les jeunes gens, qui trouvent là trop d'ordre et de régularité pour leurs goûts.

L'habillement des hommes consiste dans cinq ou six sacs que l'on appelle *veste* et *culotte*. Je me rappelle encore le temps où il fallait deux hommes pour entrer dans des culottes ; maintenant on pourrait facilement mettre deux jambes de chaque côté. On ne porte plus guère de pantalons, et les redingottes à plusieurs collets sont abandonnées aux domestiques. Le dernier négligé dans lequel les élégans paraissent au spectacle consiste en un chapeau à grands bords, en culotte de velours ou de panne, comme en

----

(1) Encore une impertinence ! Vous vous trompez, monsieur ; on les épouse, on les recherche même, mais on ne les donne qu'à des hommes honnêtes, délicats, bien élevés ; et certe, à ces titres-là, il n'est pas un père qui voulût vous donner la sienne.

portaient autrefois les montagnards et
les chaudronniers (1); en bottes à la
Suwarow., avec des revers jaunes ;
un habit bien serré, pour mieux dessi-
ner la taille , et des gilets à volonté.
Ainsi l'un est en paillasse, l'autre en
fiacre, celui-ci en postillon , celui-là en
Jockey, et pour me servir de l'expres-
sion de Schlégel , chacun de ces mes-
sieurs se trouve en lui-même (2).

Les élégans se divisent en deux clas-
ses ; l'une, celle dont je viens de
décrire l'habillement , brille le matin
dans les déjeûners à la fourchette, les
dîners au bois de Boulogne, et le soir

____

(1) Toujours quelque chose d'aimable à dire !

(2) On conviendra qu'il est impossible de pousser plus
loin l'impertinence , et j'aime à croire que l'auteur de
pareilles invectives paraît tout aussi méprisable à Vienne,
à Berlin, à Pétersbourg, dans toute l'Allemagne, qu'aux
Français trop crédules qui ont eu la faiblesse de l'ac-
cueillir. Au reste, si jamais M. Kotzebue revient ici, nos
jeunes gens lui prouveront que sous ces habits ridicules
ils portent un cœur français, et qu'ils savent châtier
comme il le mérite un impudent étranger qui trahit aussi
lâchement les devoirs de l'hospitalité.

Tome I. 13

dans les boudoirs. L'autre, qui porte un habit noir, des bas blancs, une bourse et une épée, se fait remarquer dans les grands dîners, les bals, les *thés*, et dans les salons de compagnie.

Les hommes, pour composer leurs modes, empruntent aussi quelque chose à tous les pays du monde : de la toile de Hollande, un chapeau à la prussienne, des bottes russes, et des gilets anglais. On porte maintenant aux redingottes des poches placées sur la poitrine ; et que l'on appelle *ridicules*, parce que l'on y met le mouchoir et la lorgnette des dames. Les queues tiennent au collet, et non à la tête ; en sorte que quand un jeune homme se baisse, on voit une lacune entre son habit et ses cheveux. Une occupation essentielle de la jeunesse des deux sexes est de relever les cheveux sur le sommet de la tête, à-peu-près comme les chats et les écureuils se caressent le museau avec la patte (1).

____

(1) Vraiment cet homme-là a un talent *unique* pour

Quelque peu importante que soit une pareille coiffure, cependant les perruquiers sont restés une classe essentielle dans l'état : tous les coiffeurs sont maintenant des *artistes* ; ils étalent devant leur boutique des bustes en cire dont les figures d'hommes sont presque toutes calquées sur celle de Bonaparte. Un artiste de ce genre qui paraît chez vous pour la première fois, vous prie de regarder au ciel, puis à terre, ensuite en face ; enfin il vous fait tousser, moucher, cracher, etc. « Monsieur, dit-il » alors, cela suffit : je sais maintenant « ce qu'il vous faut ; un milieu entre « Titus, Caracalla et Alcibiade. »

(Ici, un entretien plat et insipide que M. Kotzebue suppose avoir lieu entre le coiffeur et la personne qui se fait coiffer.)

C'est assez ; je finis par une règle générale, si elle est encore en vigueur

les comparaisons. Je voudrais bien savoir s'il s'est avisé d'en *lâcher* quelques-unes de cette force-là dans les sociétés où il a été admis.

13.

aujourd'hui. Celui qui veut passer pour
un élégant à Paris, doit être frisé par
Armand, habillé par Catel, culotté par
Henry, et chaussé par Asthley. Celui
qui ne se plaît point à toutes ces extra-
vagances peut aussi s'habiller comme
il le veut, et aller où bon lui semble,
personne n'y fera attention. En uniforme
on passe par-tout. Presque tout le monde
a un uniforme civil, brodé en or ou en
argent. Celui de l'institut se distingue
par son goût et sa simplicité; il est vert,
brodé avec une guirlande de lauriers.

TENTATIVES POUR LE MARIAGE.

Il ne se passe pas une semaine à
Paris, où l'on ne trouve quelque pro-
position de mariage dans les feuilles
publiques. On ne sait pas toujours ce
qu'il en résulte; cependant il est à parier
que cela réussit souvent : sans cela on
ne ferait pas un usage aussi fréquent de
ce moyen.

Au reste, je vais citer quelques exem-

ples qui ne seront pas sans intérêt pour
l'observateur impartial.

« Un célibataire de quarante ans,
« versé dans la littérature, d'une société
« aimable, de mœurs douces, de bonne
« famille, et assez riche; cherche une
« femme ou veuve sans enfans, de vingt-
« six à trente-quatre ans, bien élevée,
« sensible, et dans l'aisance; pour s'unir
« à elle, et couler ensemble des jours heu-
« reux ». Ce mot *unir* veut-il dire se
marier? Je ne le crois pas. D'un autre
côté, pourquoi exiger que la personne
soit de bonne famille?

« Un homme de trente-huit ans, par-
« faitement libre, aisé, etc.; desire trou-
« ver une femme qui ait un peu de bien,
« et veuille faire société avec lui ». Le
mot *marier* est encore évité.

« Un veuf de soixante ans, sans en-
« fans, et de bonne santé, ayant 1400 f.
« de rente, habitant depuis dix ans un
« joli appartement près des Tuileries;
« cherche une dame d'un âge conve-
« nable, d'un caractère doux, et avec

« quelques moyens; pour lui faire des
« propositions qui pourront lui convenir,
« ou pour entendre les siennes ». Ce vieux
libertin se garde bien aussi de parler
mariage; seulement il établit comme con-
dition expresse que la personne ne soit
pas pauvre. Du reste il est à remarquer
qu'il met un prix à ce que sa demeure
est près des Tuileries : cela est appa-
remment très-engageant pour une Fran-
çaise.

« Une jeune veuve, intéressante sous
« tous les rapports, tant pour le carac-
« tère que pour le physique, bien éle-
« vée, mais ayant perdu sa fortune;
« desire trouver une personne seule, à
« qui sa compagnie soit agréable. »

Par cette personne seule, on entend
un homme, cela se devine assez par
l'éloge qu'on fait de la figure, ce qui
serait au moins indifférent auprès d'une
dame.

« Une demoiselle de trente ans, bien
« née, ayant 1600 francs et un joli mo-
« bilier; desire s'unir légitimement avec

« un homme de trente-six à quarante-
« cinq ans, qui ait de bonnes mœurs,
« une place dans un bureau, ou quelque
« chose par devers lui. »

Enfin, voilà quelqu'un qui veut *s'u-
nir légitimement*. Mais, dans ce cas,
le mot *légitimement* devrait précéder le
verbe *unir*, pour mieux indiquer la lé-
gitimité; s'il suit, au contraire, il est
évident que tout le reste n'est mis là que
pour prononcer le mot *unir*, qu'on ne
pourrait pas y placer crûment; et qu'il
n'y a dans tout cela aucune intention de
mariage (1). Ainsi l'on voit par cet
exemple comment en France une fille
qui a 1600 fr. et un joli mobilier peut
faire valoir son petit bien, quand elle
convient d'avoir trente ans, et de suite,
jusqu'à ce qu'elle en ait quarante.

« Un homme de soixante-trois ans,
« bien portant, veuf, sans enfans, etc. ;

____

(1) Je ne vois rien là qui ne soit parfaitement exact
et décent; on ne peut pas dire se *légitimement unir :*
M. Kotzebue devrait le savoir, puisqu'il se permet des
discussions grammaticales.

« voudrait faire la connaissance d'une
« dame pourvue de toutes les qualités
« que l'on desire ordinairement , pour
« lui proposer *peut-être* sa main, quand
« il aura eu le temps de la connaître,
« et que leurs qualités morales pourront
« leur faire espérer de vivre heureux
« ensemble ; ou, si elle l'aime mieux,
« pour confondre leurs intérêts, sans
« autre lien que celui de l'amitié, à la-
« quelle il promet de son côté d'être
« parfaitement fidèle. »

J'ai lu un jour, dans une gazette, la
demande que faisait un ci-devant avocat
au parlement, d'une femme pour son
neveu, jeune et riche; mais il se mon-
trait par trop difficile. Elle devait être
jeune, jolie, aimable, bien née; n'avoir
que dix-huit ans, et par dessus tout cela
25 à 30,000 francs comptant. Elle était
priée d'accorder un rendez-vous, afin
que les deux parties pussent se voir et *se
mettre à l'épreuve* (1).

____

(1) Petit badin, vous brodez ! je parie que vous n'avez
pas lu cela.

Je conclus de ces exemples, dont je pourrais citer un plus grand nombre, que l'on rencontre rarement chez les Parisiens les qualités nécessaires pour se marier ou s'unir (1); car il est à présumer qu'on ne cherche ainsi au dehors qu'après s'être assuré qu'on ne trouvera pas ce qu'on desire dans le cercle de ses connaissances. Au reste, il n'y a guère que de vieux célibataires ou des gens âgés qui se servent de ce moyen.

Je voudrais pouvoir dire au lecteur de quelle manière finissent ces unions proposées ou acceptées, mais c'est ce que ces messieurs et ces dames ne font pas insérer dans les journaux.

DES FILLES DE JOIE,

et de tout ce qui s'en suit.

Le nombre de filles publiques parait s'être considérablement accru depuis la révolution; à la vérité elles n'osent plus

---

(1) Votre conclusion n'a pas le sens commun.

13*

faire leur commerce que la nuit ; celles
même qui habitent le Palais-Royal ne
quittent pas leur demeure avant le cou-
cher du soleil, pour folâtrer sous les
arcades ; mais en revanche on en ren-
contre par-tout qui étalent leurs appas
presque nus, avec une profusion extra-
ordinaire, et par tous les temps possibles.
Il est inconcevable que ces pauvres
filles puissent demeurer huit jours en
bonne santé ; elles n'ont absolument
rien sur le corps qu'une robe blanche
très-fine et parfaitement collante : vrai-
semblablement elles n'ont pas de che-
mise ; car elle se ferait au moins deviner
par un pli, attendu qu'elles tiennent toutes
leur robe par derrière, et qu'elles la
serrent contre les cuisses, de manière à
ne rien laisser perdre de leurs formes.
Si l'on considère que ces mêmes robes
descendent jusqu'au nombril, et ne vont
qu'au-dessous du mollet, on aura peine
à croire que ces malheureuses puissent
demeurer dans cet état au mois de dé-
cembre, pendant six heures et plus.

A la vérité elles ont, sous les arcades du Palais-Royal, la facilité de se promener à pied sec, et à l'abri du mauvais temps; mais dans les rues elles bravent avec intrépidité la pluie et la grêle, quand elles pensent qu'il est de leur intérêt d'y rester, et qu'elles présument le temps favorable à la recette.

Il faut que le coin de la rue Vivienne et de celle des Petits-Champs soit un bon poste pour le gibier; car je ne suis jamais sorti le soir du Palais-Royal sans en trouver là un troupeau: un jour j'en ai compté jusques à quatorze à cette place. Il pleuvait à verse; la rue était sale et crottée; mais elles n'y faisaient pas la moindre attention. Cependant j'ai cru remarquer qu'elles sont moins importunes, moins hardies, qu'il y a treize ans; elles n'attaquent les passans que dans les endroits obscurs; par-tout où brille la clarté des réverbères elles se contentent de se présenter. Sur les quatorze, une seule osa s'accrocher un moment à mon bras, et me pria de la prendre sous ma pelisse, parce qu'elle avait bien froid, ce que je crus sans peine; mais elle me lâcha aussitôt que je lui eus reparti sèchement : *Non , mademoiselle.* La seule chose qu'elles se permettent en pareil cas, c'est de vous répondre d'un air moqueur : *Ah, vous êtes cruel!* Il y a treize ans, je les ai vues entourer un passant, le cerner à trois ou quatre, et le retenir pendant plusieurs minutes, malgré sa résistance; aussi se permettait-on de les renvoyer avec plus de dureté. Aujourd'hui c'est différent; je ne conseillerais à personne de maltraiter cette classe de *citoyennes,* elles appellent la garde, qui accourt aussitôt, et qui les protége, comme il paraît qu'elle en a reçu l'ordre (1).

Je fus témoin de pareille chose dans

---

(1) Ceci est de toute fausseté ; bien loin de les protéger, la police les fait poursuivre d'une manière très-active. On leur donne la chasse, tantôt dans un quartier, tantôt dans un autre, et chaque fois on en ramasse une quantité prodigieuse, qui sert à peupler les hôpitaux et les ateliers de filature ou de couture.

la rue Vivienne. Un jeune homme, assailli par toutes ces femmes, qui étaient d'accord pour l'accuser, fut emmené par les soldats de la police; il eut beau protester de son innocence, il fut contraint de céder à la pluralité des voix. Au reste, sur cent de ces femmes, à peine en ai-je vu deux qui fussent jolies (1). Avant la révolution, presque toutes, au contraire, étaient d'une figure agréable, fine, et jouant à merveille la modestie; maintenant elles ont l'air commun, et sont de la dernière impudence.

Il y a aujourd'hui parmi ces filles beaucoup de négresses, qui font tort aux Parisiennes : cette tête qui sort d'un ajustement blanc paraît absolument une mouche sur un pot de lait (2). Cepen-

______

(1) Apparemment M. Kotzebue n'avait pas mis ses lunettes; car il est malheureusement trop vrai que ces viles prostituées ont en général une tournure élégante et une figure très-agréable, premières qualités requises pour le métier qu'elles exercent.

(2) Au voleur! Il a sûrement entendu dire cela sur le marché des Innocens.

dant, si je ne me trompe, elles ont en-
core conservé un reste de modestie; elles
circulent avec timidité et sans bruit,
tandis que leurs compagnes blanches
étourdissent les passans de leur babil
et de leurs ris immodérés; peut-être
cela vient-il de ce qu'elles rencontrent
peu d'amateurs de leurs charmes noirs.

Ce qui m'a le plus indigné, c'est la
grande jeunesse de ces malheureuses;
les plus âgées d'entre elles ont à peine
dix-huit ans, et les plus jeunes....ô
Dieu!... Je rencontrai un soir dans le
jardin du Palais-Royal une fille de douze
ans environ; ce joli enfant marchait les
yeux baissés, et j'étais loin de la croire
dans la classe des prostituées; mais une
grosse femme âgée, qui marchait à dix
pas derrière elle, m'arrêta, et me la
montra du doigt, en me disant : « Mon-
« sieur, voilà une petite débutante ».
J'eus peine à me contenir et à ne pas
lui cracher à la figure.

Celles de ces filles qui sont un peu
plus relevées se montrent comme autre-

fois dans les loges du théâtre Montan-
sier. Ces loges sont très-bien payées par
elles ; mais on n'en voit jamais deux
dans la même ; et selon qu'elles paient
plus ou moins généreusement l'ouvreuse,
celle-ci leur amène des benêts et des
étrangers avides de volupté (1). Dans
les entr'actes, celles qui n'ont pas été
employées de la soirée, se promènent
dans une belle salle que l'on nomme
foyer, où chacun les examine et les
marchande à son aise (2).

Pendant mon séjour à Paris, je vis
s'élever, un soir, entre deux de ces belles,
une querelle très-vive, qui finit par des
robes déchirées et mises en lambeaux.
Ce scandale, dont tout Paris a parlé
pendant un jour entier, a déterminé la
police à prohiber, dans l'intérieur du
foyer, l'exposition de ces marchandises ;

---

(1) Il n'y a pas un mot de vrai dans tout cela, à moins
que M. Kotzebue ne soit un de ces benêts dont il parle.

(2) A l'époque où M. Kotzebue est venu à Paris, on
avait déja donné des ordres pour que l'entrée du foyer
leur fût interdite, et l'on n'y en voyait pas une seule.

mais cette défense n'eut son effet que pendant quelques jours.

Les filles publiques demeurent presque toutes au Palais-Royal, dans les entresols du premier étage, où on les voit pendant toute la journée, jouer et chanter par la croisée, sans que personne les en empêche. C'est là le vrai chant des sirènes. On sait que le Palais-Royal est divisé en un grand nombre de maisons à arcades, dont une m'a semblé particulièrement remarquable, parce que tout le roman d'un libertin peut y être joué en peu de temps et sans en sortir. Au troisième, est une maison de prêt, où le débauché peut remplir sa bourse au moyen de bons nantissemens; à l'étage au-dessous, est une maison de jeu, où on lui reprend son argent : après cela il ne lui faut descendre que la moitié d'un escalier pour perdre sa santé chez une fille de joie; en sortant de là, le désespoir l'accompagne jusqu'à la boutique du rez-de-chaussée, dans laquelle il trouve à choisir entre un poignard ou des pistolets ; c'est là qu'il emploie le peu qui lui reste pour acheter de quoi se brûler la cervelle. Il faut convenir qu'il est impossible de mettre mieux la vie et la mort à la disposition d'un mauvais sujet.

D'un autre côté, on trouve à Paris, plus que par-tout ailleurs, un très-grand nombre de médecins et de chirurgiens qui travaillent à arrêter les progrès du poison de la volupté, et qui offrent à bon marché leurs services aux passans, par le moyen de cartes et d'adresses qu'ils font distribuer dans les carrefours, sur les ponts, et dans les passages les plus fréquentés. On ne peut entrer au Palais-Royal sans être aussitôt environné par des femmes qui possèdent un talent particulier pour vous mettre ces cartes dans la main, que vous la teniez ouverte ou non. Leur agilité est si étonnante, que quand vous courbez le premier doigt pour vous opposer à ce qu'elles veulent faire, les trois autres tiennent déja le papier. Les restaurateurs, tailleurs, cordonniers, enfin tous ceux qui veulent se faire connaître, ou qui ne veulent pas être oubliés, emploient ce moyen. Mais sur dix de ces adresses, il y en a neuf au moins qui ont rapport à l'objet dont j'ai parlé plus haut.

L'un, nommé *Chamberge*, a un cabinet de consultations ; il vante son caractère, ses talens, sa moralité, et se dit incapable de tromper le public et de faire des victimes des personnes qui lui accorderont leur confiance ; il promet de guérir le mal avec des simples, sans tisanne, et plus vite que l'on ne le fait ordinairement. Un autre, nommé *Neuville*, guérit les maladies les plus graves en douze jours, et si elles sont invétérées, en vingt ou vingt-cinq jours au plus ; ses remèdes sont à bon marché, en petit volume ; on peut les employer secrètement, vaquer à ses affaires, et voyager par terre et par mer. Il ne se sert pas non plus de tisanne, pour laquelle les Parisiens paraissent avoir une grande antipathie. Un troisième, *Lam-*

bon, a la bonté de prémunir le public contre les charlatans; il n'emploie aucun de ces moyens répercussifs qui ne font que blanchir le mal, et produisent les suites les plus désastreuses; il suit au contraire la méthode des plus famcux médecins. Un quatrième, *Guillemain*, promet de traiter le malade selon les règles de l'art, sans dire comment. Un cinquième, *Martinon*, n'exige de paiement qu'après parfaite guérison, et traite gratuitement ceux qui sont pourvus d'un certificat d'indigence, délivré par la municipalité. Il s'engage à guérir les personnes de tout sexe *sans les voir*, et sur la simple indication de leur maladie. Un sixième, *Sigon*, se vante d'avoir écrit un ouvrage sur ce sujet. Un septième, *Claude*, recommande ses pastilles fondantes, comme le purgatif le plus efficace. Un huitième, *Ducluzeau*, exerce depuis vingt-cinq ans, et a fait des cures merveilleuses et sans nombre.

Je n'ajouterai pas d'autres exemples pour prouver au lecteur qu'un homme qui conserve la moitié de sa santé en sortant des bras de la volupté, ne peut échapper à ces faux Esculapes qui l'attendent à tous les coins de rues pour lui enlever l'autre moitié.

Je veux, à cet effet, donner à tous les parens qui envoient leurs enfans à Paris, et aux gouverneurs qui sont chargés de les y conduire, un conseil dont l'exécution n'est pas difficile : c'est de faire visiter aux jeunes gens, le jour même de leur arrivée à Paris, le cabinet physique et pathologique du professeur *Bertrand*, établi aussi au Palais-Royal, nº 23, près le café de Foi. Là, on voit, imités en cire, tous les accidens funestes qui résultent du libertinage ; ils y sont représentés avec une vérité effrayante. Si un jeune homme, en sortant de voir ces différens tableaux de la misère humaine peut encore entrer sous les arcades du Palais-Royal, tout espoir de le corriger est perdu ; il était entièrement corrompu avant de venir à Paris. Chaque partie du corps, attaquée de ce mal

terrible , y est représentée avec toutes
ses progressions et avec un art merveil-
leux. A l'extrémité de cette effrayante
galerie , on voit un jeune homme de
grandeur naturelle , couché sur son lit
de mort, et dont les traits défigurés et les
yeux éteints expriment à-la-fois la dou-
leur , la honte , le repentir et le déses-
poir. Il me semble que le brave *Bertrand*
a bien mérité du gouvernement une
place dans la légion d'honneur. Reste à
savoir si l'impression que produit sur
un jeune homme la vue de ce cabinet
peut être de longue durée ; le vice est
plus fort que la vertu, en ce qu'il offre
la jouissance, tandis que l'autre ne pro-
met que l'espérance. Cependant, j'aime
à croire que la vue de ce musée a éloi-
gné plus d'un jeune homme du préci-
pice, au moment même où il allait s'y
plonger.

Le local est admirablement choisi ;
des deux côtés demeurent des filles de
joie. Outre les objets ci-dessus men-
tionnés, on y trouve aussi des imita-

tions parfaites de toutes les parties du
corps humain ; des enfans depuis le pre-
mier jusqu'au dernier mois de la gros-
sesse ; des fœtus, des hermaphrodites,
des femmes en couche, des exemples
de l'opération césarienne, des excrois-
sances de toute espèce, des polypes ;
on y voit les effets de la petite vérole,
de la vaccine, de la peste, de la gangrène,
de toutes les maladies de femme ; toute
la construction intérieure de l'homme,
de la tête coupée horizontalement et per-
pendiculairement, des amputations de
toute espèce, etc. Bref, il est impossible
de voir pour trente sous une plus grande
quantité d'objets instructifs. Cependant,
je dois couvenir avec peine que ce spec-
tacle ne convient pas aux personnes qui
ont les nerfs délicats.

Ce qui me reste à dire maintenant
pourra paraître incroyable à bien des
gens, et je ne le répéterais pas si je n'avais
à citer un témoin irrécusable. Les méde-
cins allemands qui viennent à Paris
sont, en y arrivant, beaucoup trop mo-

destes et trop délicats ; ils y apportent une sorte de pudeur, et se croient obligés de parler avec mystère et en particulier aux jeunes gens qui leur sont confiés pour les guérir des maladies vénériennes; mais ils peuvent déposer cette espèce de honte, car on parle librement à Paris, devant les demoiselles, des plus secrètes particularités du mal vénérien, et de toutes les circonstances qui y ont donné lieu. On dit que, dès la première vue, la plus innocente peut décider de quelle sorte de maladie est atteint l'homme qui se présente. Elles se moquent de lui, et disent, en riant : *Il s'est brûlé* (1).

______

(1) Quelle épouvantable calomnie ! Quels lieux cet homme a-t-il donc visités pendant son séjour à Paris, pour y avoir recueilli les ordures dont il a sali sa mémoire ? À coup sûr, ce ne peuvent être que les antres les plus infects du Palais-Royal.

S'il était possible de supposer que les étrangers daignassent accorder quelque confiance aux observations et aux jugemens d'un être aussi complètement démoralisé, quelle idée ce chapitre donnerait-il donc, à ceux qui ne connaissent ni Paris ni la France, de nos mœurs, et de la vertu de nos femmes et de nos filles ?

Homme ingrat et pervers! voilà donc la récompense de

O sainte pudeur! tu as bien, par-ci

l'hospitalité que nous avons exercée envers vous, de l'empressement et du zèle que nos littérateurs et nos artistes les plus distingués ont mis à vous recevoir, à vous accueillir, à vous fêter; de l'indulgente bonté que nos premiers magistrats vous ont témoignée, et de la générosité avec laquelle nous avons oublié vos anciens torts envers la France!

Ainsi, dans le moment même où une épouse vertueuse vous faisait avec grace les honneurs de sa maison; lorsque sa jeune fille, simple et modeste, s'avançait vers vous d'un air timide, et qu'avec les yeux baissés, la candeur sur les lèvres, la rougeur sur le front, elle vous présentait un siége, vous offrait un fruit, une fleur, ou vous adressait un compliment aussi naïf, aussi pur que son ame; vous méditiez le déshonneur de l'une et de l'autre, et vous composiez déja dans la pensée le chapitre infame qui devait les peindre à l'Europe comme de viles prostituées!

Dites-nous donc dans quelle maison honnête, dans quelle société, fût-ce même celle du plus pauvre artisan, vous avez recueilli les observations que vous transmettez si complaisamment à vos compatriotes et à l'Allemagne entière? *On vous a dit!.. Un témoin irrécusable!..* Et c'est sur de pareils renseignemens, sur une assertion aussi vague, que vous osez publier des faits qui, s'i's étaient vrais, imprimeraient sur nos familles une tache ineffaçable!!! Si l'on me disait : M. Kotzebue est un homme profondément vicieux, qui, sous les dehors affectés de la candeur et de la vertu, qu'il déploie dans ses écrits, cache une ame basse, vénale et corrompue; un mauvais sujet, qui s'est fait chasser de toutes les maisons par-là, quelques chapelles éparses dans

où il a été reçu, de tous les pays qu'il a parcourus; je ne le croirais pas, parce que, lorsqu'on porte un cœur franc et loyal, on doit douter du mal jusqu'à ce qu'on en ait sous les yeux des preuves irrécusables. Mais après avoir lu les mensonges et les calomnies répandus dans cet ouvrage, il n'est plus permis de douter que M. Kotzebue ne soit en effet le plus perfide et le plus méprisable des hommes.

Répondez, écrivain *moral* par excellence; que penseriez-vous d'un étranger qui, reçu par vous comme un frère, admis dans votre intimité, comblé de vos bienfaits, trahirait ensuite lâchement les convenances sociales, les lois de l'hospitalité, le droit des gens, en distillant le fiel et le poison sur votre épouse, vos enfans, vos parentes, vos amies, enfin sur tout un sexe aimable et faible, auquel (si nous en croyons vos plaintes et vos doléances, tout aussi peu sincères que le reste de vos écrits) vous avez dû les seuls instans de bonheur que vous ayez jamais goûtés? Ne vous croiriez-vous pas en droit d'accuser hautement cet homme déloyal, et d'invoquer contre lui la vengeance des lois? A défaut de moyens repressifs, ne le dénonceriez-vous pas. à l'opinion publique et à tous les gouvernemens, comme un écrivain dangereux, un libelliste déhonté, d'accord avec les ennemis de votre pays, écrivant sous leur dictée, et payé par eux peut-être pour diffamer un peuple qu'ils ne peuvent vaincre par les armes? Et n'attacheriez-vous pas dès-lors, d'une manière ineffaçable, le sceau de l'opprobre et de l'infamie sur le front déshonoré de ce vil calomniateur?... Oui, vous le feriez, ou vous devriez le faire.... Eh bien, nous le faisons pour vous.

Paris; mais tu n'y as pas un seul tem-
ple (1).

----

(1) Conclusion digne de l'exorde, du chapitre, et de
l'auteur !

Fin du premier volume.

TABLE DES MATIÈRES

contenues dans ce Volume.

*

Fin de la Table du premier Volume.